Kaiserin ELISABETH
von ÖSTERREICH

JOSEF ROHRER

SISSI in MERAN

KLEINE FLUCHTEN EINER KAISERIN

Folio Verlag Wien/Bozen

In Zusammenarbeit mit dem Touriseum und dem Stadtmuseum Meran

STADTGEMEINDE MERAN
COMUNE DI MERANO

Bild- und Objektnachweise
(o = oben, u = unten)

Brigitte Hamann: S. 89
Imagno/Austrian Archives: S. 6, 16 o, 43, 49, 57, 77
Imagno/Österreichische Nationalbibliothek: Umschlag vorne o, S. 1, 13, 15, 16 u, 35, 71, 73, 83, 90, 95
Imagno/Schloss Schönbrunn: S. 25 u, 80 u
Le Petit Journal. Supplément illustré, 25.9.1898: S. 100
Princess Sissi ™ & © 2008 BVS Entertainment, Inc., BVS International N.V., SIP Animation, Animation Ciné-Groupe, France 3 and RAI: S. 10
Stadtmuseum Meran: Umschlag vorne u, S. 18, 21, 26, 29, 31, 52, 60, 63 o, 65, 66, 86, 104, 106
Talmuseum Ulten: S. 38
Touriseum, Meran: Umschlag hinten, S. 5, 12, 25 o, 28, 36, 45, 61, 76
Touriseum, Meran (Foto Andreas Marini, Meran): S. 9, 11, 19, 24, 32, 41, 47, 54, 63 u, 68, 80 o, 92, 93, 98, 103, 107

Lektorat: Kathrin Kötz
Archivrecherchen und wissenschaftliche Beratung: Johanna Bampi
Graphische Gestaltung: Ambrosi Graphics, Auer
Druckvorstufe: Typoplus, Frangart
Printed in Italy
ISBN: 978-3-85256-405-0

Inhaltsverzeichnis

Das wohl bekannteste Bild Elisabeths malte der deutsche Porträtist Franz Winterhalter 1864.

VORWORT

Wieder ein Buch über Sissi, werden Sie jetzt fragen? Noch dazu abseits von jedem Jubiläum? Das schillernde Leben der anscheinend unsterblichen Kaiserin von Österreich ist tatsächlich in vielen Biografien und Bildbänden zur Genüge beschrieben. Nie aber hat ein Buch detailliert Elisabeths Reisen nach Tirol nacherzählt. Karersee, Madonna di Campiglio und vor allem Meran: Was hat Sissi auf den »Südbalkon der Monarchie« geführt, was hat sie dort erlebt? Wie haben die Tiroler diese sonderbare Frau gesehen und wie haben deren Reisen das Land verändert? Der touristische Aufschwung Merans im letzten Drittel des 19. Jahrhunderts ist ohne die vier Aufenthalte Elisabeths ja kaum denkbar.

Dass dieses Buch gerade jetzt erscheint, liegt an einem erstaunlichen Aufblühen des Sissi-Kults. 110 Jahre nach ihrem Tod ist die Kaiserin präsent wie nie zuvor. Das Interesse an ihr lässt sich auch an den Eintragungen in die Gästebücher des Touriseums auf Schloss Trauttmansdorff ablesen. Manche Besucher kommen offenbar eigens wegen Elisabeth nach Meran. Dieses Phänomen war für das Touriseum und das Stadtmuseum Meran der Anlass, dieses Buch anzuregen und seinen Druck zu fördern.

Es ist ein Mosaik von Elisabeths Zeit. Zusammengesetzt aus damals erschienenen Zeitungsartikeln, aus internen Dokumenten der Hofverwaltung, die heute in mehreren Archiven Wiens liegen, sowie aus teils noch unveröffentlichten Briefen, die Elisabeth, Franz Joseph und einige ihrer engsten Vertrauten von und nach Tirol schrieben. Es ist gleichwohl ein spannendes Stück Zeitgeschichte.

SISSI IS VERY COOL

Von der Kaiserin zur unsterblichen Kultfigur

Hier also stand sie. Die rechte Schulter an die Mauer gelehnt, den Kopf ans Fenster, den Blick hinunter ins weite Etschtal gerichtet. Mit etwas Fantasie kann man ihre überschlanke Taille sehen, ihr volles Haar sowie diese Mischung aus Hochmut und Melancholie in den Augen, die ihren ganzen Weltschmerz verriet. Und Fantasie hat man ja, wenn man hierher in den zweiten Stock von Schloss Trauttmansdorff bei Meran kommt. Gespeist wird sie von den vielen Legenden, die sich um die Vita der Elisabeth von Österreich ranken; von den millionenfach reproduzierten Bildern und von den süßlichen Filmen und Musicals über die angeblich so schöne Kaiserin. Auch 110 Jahre nach ihrem Tod ist dieser Mythos der strahlenden Sissi[1] nicht totzukriegen. Im Gegenteil. Er scheint sich nach der Tragödie um ihr Pendant, Prinzessin Diana, sogar noch zu verstärken. Sissi Superstar.

Im zweiten Stock von Schloss Trauttmansdorff hat sich aus ihrer Zeit wenig Herzeigbares erhalten. Vom vermeintlichen Sissi-Bad im ersten Stock ist längst bekannt, dass es erst Jahre nach ihrer Abreise eingebaut wurde. Auch die von Elisabeth bewohnten Räume im zweiten Stock sind – bis auf schmucke Holzdecken und imposante Kachelöfen, beides gab es schon lange vor ihrer Ankunft, sowie die Vitrinen im Schaudepot des Touriseums – weitgehend leer. An die beiden Aufenthalte Elisabeths in den Jahren 1870 und 1889 erinnert nur ein nachträglich aufgemaltes bayerisches Wappen – und neuerdings eine kleine Ausstellung. Hier also, mit Blick ins breite Etschtal, hat Elisabeth geschlafen; hier zog sie sich an und ließ sich ihr legendär langes Haar kämmen, hier vollzog sie wohl ihre Turnübungen, die sie in den letzten Jahren immer verbissener ausführte. Die Besucher bekommen unter anderem einen per Urkunde als

echt ausgewiesenen Elisabeth-Bademantel, einen ihrer Fächer, einen Sonnenschirm und eine Reisetruhe zu sehen. Es sind die auf dem Weltmarkt der Sissi-Reliquien teuer zusammengekauften Beweise, dass Elisabeth mit Haut und Haar existierte, ehe sie zum Mythos aufstieg. »Sissi sollte uns halt noch begegnen … das wäre der ultimative Kick«, schreibt jemand über seinen Besuch auf Trauttmansdorff ins Gästebuch.

Die richtige und die Film-Sissi verschmolzen zu einem immer wieder reproduzierten Signet.

Im Gästebuch zeigt sich der aktuelle Stand des Sissi-Kults. Als um das Jahr 2000 im Schloss Trauttmansdorff die Einrichtung des Tourise-ums begann, lächelten Politiker und Museumsgestalter über eine frühere Idee, das Gebäude als Elisabeth-Schloss herauszuputzen. Sie bevorzugten mehr Inhaltsschwere und verwandelten Trauttmansdorff stattdessen in einen Themenpark, der auf eine vergnügliche Zeitreise durch die Tiroler Tourismusgeschichte führt. Für Elisabeth blieb da nur eine Nebenrolle. Als lebensgroße Skulptur blickt sie von einer Balustrade auf die ankommenden Besucher herab, irritiert vom Rummel, der plötzlich in ihre »vom rauschenden Wellenschlag des städtischen Lebens« verschonte Fluchtburg eingezogen ist.

Jedes Liebespaar sollte sich in Sissis Gegenwart küssen!

Trotz allem sehen viele in Trauttmansdorff das Schloss Elisabeths. Hier glauben sie, ihrer Sissi nahe zu sein und streifen ehrfürchtig durch die Räume. Das Gästebuch ist voll von diesen Begegnungen der sentimentalen Art: »Sissi wir lieben dich.«; »Wie Sissi habe ich diesen zauberhaften Ort genossen; wer weiß, vielleicht stammt ein kleiner Teil in mir von ihr.«; »Sissi is very cool.«; »Viva Sissi.« Die Eintragungen sind kein Jux. Sie werden sogar von Jahr zu Jahr zahlreicher. Viele junge Handschriften sind dabei, eine Zwölfjährige zeichnet ihre Sissi barbieartig mit Püppchengesicht. Auch erstaunlich viele Italiener sind dem Elisabeth-Mythos verfallen. Einige kommen gleich mehrmals eigens nach Meran, um sich für einen Tag »come principessa Sissi« zu fühlen. Verblüffend, wie lange sich der Kult um die Kaiserin nun schon hält – und dass er in jüngster Zeit sogar noch deutlich zulegt. Als in den Neunzigerjahren ein Gastwirt in Töll bei Meran sein hexenhäuslartiges Restaurant mit allerlei Franz-Joseph-Tand und Sissi-Kitsch vollstellte, ließ sich dies noch mit der Kauzigkeit des Wirts erklären. Mittlerweile gibt es einen Sissi-Wein und völlig normal scheinende Bäckermeister überlegen, einen Sissi-Guglhupf auf den Markt zu bringen. Dann fehlt nur noch der Elisabeth-Speck. Einen Sissi-Weg vom Meraner Stadtzentrum nach Trauttmansdorff gibt es bereits. Er ist willkürlich gezogen, die Kaiserin ist ihn wohl nie gegangen. Aber ihre Fans folgen andächtig den Schildern und wähnen sich auf ihrer Spur. Der 2002 erfundenen und mit dem »bayerischen Innovationspreis für Angebotsgestaltung« ausgezeichneten Sissi-Straße, die wesentliche Stationen Elisabeths zwischen Possenhofen und Miramare zu einer Erlebnistour verbindet, hat sich selbstverständlich auch Meran mit seinem Schloss Trauttmansdorff angeschlossen. Außerdem ist für ständigen Nachwuchs in der Elisabeth-Fangemeinde gesorgt. Längst gibt es ein Sissi-Magazin für kleine Girls mit rührenden Bildgeschichten von Sissi und Franz. Sissi sells.

Sogar zur Heldin einer Comic-Zeitschrift für Teenager hat Sissi es heute gebracht.

Was ist an dieser Frau, dass sie ein Jahrhundert nach ihrer Zeit noch immer derart fasziniert, während die Stars von heute schon wieder verblassen, kaum haben sie ihr volles Leuchten erreicht? Elisabeth selbst wäre für diese Frage wohl nicht zu interessieren gewesen. Als sie nach Meran und in all ihre anderen Fluchtburgen aufbrach, wollte sie nur ihre Ruhe haben. Nichts wie weg aus Wien und weg von sich selbst.

Sissi abita in un castello bello.

WIE SIEHT EINE KAISERIN AUS?

Elisabeth kommt nach Meran und niemand erkennt sie

Auch nach ihrem Tod zeigen die meisten Skulpturen eine ewig jugendliche Sissi.

16. OKTOBER 1870, am frühen Nachmittag: Der Himmel über Meran hat nach einem heftigen Regen aufgeklart. Von den Bergen glänzt der erste Schnee, die Wälder leuchten in herbstlichen Farben. Kaiserwetter. Eine aufgeregte Menschenmenge strömt zum Schloss Trauttmansdorff im Osten der Stadt. Unterhalb des Schlosshügels steht ein zwölf Meter hoher Triumphbogen mit einem kolossalen Doppeladler und der Inschrift »Heil Elisabeth«. Schützen in Burggräfler Tracht stehen Spalier, Schulkinder tragen Fähnchen, 6000 Schaulustige recken die Hälse. Von einer Anhöhe krachen Böller, als auf der von Süden kommenden Landstraße eine Wagenkolonne naht. Vorneweg ein einfacher Zweispänner, in dem zwei Frauen sitzen. Sie werden von der Menge kaum beachtet. Alles starrt weiter in Richtung Bozen – in Erwartung einer prächtigen sechsspännigen Karosse. Erst als alle Wagen die Auffahrt nach Trauttmansdorff genommen haben und vom Schlosshof die Landeshymne ertönt, wird den Wartenden klar: Die Kaiserin ist längst an ihnen vorbeigefahren. Sie saß in der ersten Kutsche, die man für den Wagen von Hofdamen hielt.

Wie sollen die Meraner ihre Kaiserin auch erkennen, wenn sie ohne Prunk und ohne Symbole der Macht vorfährt. Die Zeitungen schwärmen vom »blühenden Liebreiz« der jetzt 33-jährigen Elisabeth von Österreich. Ihr geht der Ruf außergewöhnlicher Schönheit voraus. Doch wie sie wirklich aussieht, wissen die wenigsten. In Tirol war sie noch nie. Selbst im Zentrum von Wien kann sie, wie sie ihrem Sohn Rudolf nach einem kurzen Abstecher von Meran in die Hauptstadt schreiben wird, in unauffälliger Kleidung mit ihrem Hund »jeden Tag auf der uneleganten Ringstraße spazieren, und die Leute kennen uns gar nicht, das ist sehr angenehm.«[2] Denn Bilder der Kaiserin sind rar. Erst sehr viel später, mit der Schauspielerin Romy Schneider, bekommt Elisabeth ein Gesicht, das jeder kennt. Zu Lebzeiten der wahren Kaiserin hängen zwar in den Residenzen in Wien und Budapest sorgfältig geschönte Porträts, die ihr volles Haar und ihre Wespentaille betonen, doch die bekommt das Volk kaum zu sehen. Die Drucktechnik ist noch nicht soweit, Bilder in guter Qualität zu reproduzieren. Zeitungen und Bücher jener Zeit sind, wenn überhaupt, mit Stichen illustriert. Gesichtszüge geben sie wenig detailgetreu wieder. Die Fotografie steht ebenfalls erst an den Anfängen. Keine Paparazzi, die vor der High Society auf der Lauer liegen. Keine Teleobjektive auf der Jagd nach ersten Fältchen. Gesichter von Prominenten sind noch keine millionenfach verbreitete Ware. Die umständlich belichteten Fotoplatten um 1870 geben nur Einzelabzüge her. Es dauert bis 1880, ehe das Foto den technologischen Sprung aufs gedruckte Papier schafft und die ersten Illustrierten erscheinen.

Elisabeth ist zudem ausgesprochen bilderscheu. In ihren ersten Jahren als Kaiserin ließ sie sich mehrmals porträtieren. Bald aber verweigert sie sich Malern und Fotografen – erste Zeichen einer panischen Angst vor dem Altern und wohl auch des Protests gegen die ihr aufgezwungene Rolle als Frau des Kaisers. In der Öffentlichkeit hält sie oft einen Fächer in der Hand, den sie vor dem Gesicht entfaltet, sobald sie eine der unhandlichen Kastenkameras auf sich gerichtet sieht. So kann sie in den fast acht Monaten, die sie zunächst in Meran bleiben wird, oft unerkannt Ausflüge in die Umgebung unternehmen. In späteren Jahren macht sie sich einen Spaß daraus, zu öffentlichen Auftritten ihre Friseurin als Kaiserin zu schicken, während sie eigene Wege geht. Kleine Freuden einer First Lady, die »scheu wie ein Reh die Einsamkeit sucht« und immer häufiger vor den Zwängen am Hof und vor ihrer unglücklichen Ehe flüchtet.

Ab 30 meidet Elisabeth die Fotokameras, wo immer es geht.

Die vielen Gesichter Elisabeths. Kein Wunder, dass man sie oft nicht erkennt.

MERAN ALS ZUFLUCHTSORT

Wie Elisabeth mit einem Arzt den Kaiser überrumpelt

DIE FAHRT NACH MERAN hat Elisabeth sich fast über Nacht einfallen lassen. Wie viele ihrer Reisen. Ihr Drang zum Aufbruch ist um 1870 bereits legendär. Den Winter zuvor fuhr sie von Budapest über Ancona nach Rom. Den Frühling verbrachte sie wieder in Budapest, Juni und Juli in der Kaiservilla in Bad Ischl. Mitte Juli schrieb sie von dort an Franz Joseph: »Den ganzen Sommer mit Deiner Mama zuzubringen wirst Du auch einsehen, dass ich lieber vermeiden möchte.«[3] Also wechselte sie noch vor August allein in ein Jagdschlösschen des Kaisers nach Neuberg in die Steiermark. 1870 spötteln liberale Zeitungen wie das NEUE WIENER TAGBLATT, die Kaiserin sei der »reizendste Gast der Wiener Hofburg«.

Die Ehe und das kaiserliche Zeremoniell sind ihr von Beginn an ein goldener Käfig. In Gedichten versucht sie sich die Einsamkeit von der Seele zu schreiben. Darin ist seit der Hochzeit »der gefangene Vogel« ein immer wiederkehrendes Motiv. Bereits zwei Wochen nach der pompösen Trauung schreibt die damals kaum 18-Jährige: »Ich bin erwacht in einem Kerker,/Und Fesseln sind an meiner Hand.«[4] Mit den Jahren ignoriert Elisabeth »ihre Pflichten als Landesmutter völlig und gefiel sich in der Rolle einer vernachlässigten, schmollenden Ehefrau«[5], wird später ihre wichtigste Biografin schreiben. Franz Joseph muss, wie er in einem Brief an seine Mutter klagt, sein »langgewohntes Alleinsein wieder mit Geduld ertragen. In dieser Beziehung habe ich schon viel auszuhalten gelernt und man gewöhnts endlich.«[6]

Im Herbst 1870 wurde bei Hof erwartet, Elisabeth kehre endlich wieder dauerhaft an die Seite des Kaisers nach Wien zurück. Wenigstens dem Reich zuliebe, das gerade unruhige Zeiten durchlebt.

Eines der wenigen Fotos, auf denen Elisabeth lächelt. Wenn auch nur leicht.

Elisabeth (Bildmitte) um 1869 mit ihrer Familie und der kaiserlichen Verwandtschaft. Auf ihrem Schoß die 1868 geborene Marie Valerie.

Marie Valerie mit einem der vielen Hunde Elisabeths, im Alter ihrer zweiten Reise nach Meran.

Erst drei Jahre zuvor ist Franz Josephs jüngerer Bruder Ferdinand Max, der Kaiser von Mexiko, gestürzt und von Aufständischen hingerichtet worden. Seit Juli 1870 führen Deutschland und Frankreich gegeneinander Krieg. In einer ersten Phase war zu befürchten, dass auch die österreichisch-ungarische Doppelmonarchie in den Konflikt schlittert. Im September wird der französische Kaiser Napoleon III. gefangen genommen, Paris ruft die Republik aus, derweil marschieren in Rom die Truppen des neuen Italien ein und machen dem Kirchenstaat ein Ende, Elisabeths Schwester Marie, die Ex-Königin von Neapel-Sizilien, muss mit ihrem Mann aus dem römischen Exil flüchten. Das alles scheint die Kaiserin von Österreich aber nicht zu kümmern. Zum Sturz des Kaisers in Frankreich schreibt sie seelenruhig an ihren Mann: »Die Nachricht hat mich nicht sehr überrascht, ich wundere mich nur, dass sie es nicht längst taten.«[7]

Mitte September teilt sie ihrer konsternierten Umgebung mit, sie werde auch den nächsten Winter nicht in Wien verbringen, sondern irgendwo im Süden. Die Kritik des Hofes und die öffentlichen Sticheleien an ihrer Reiselust lassen Elisabeth offenbar kalt. »So muss denn der arme Papa in dieser schweren Zeit von der lieben Mama getrennt sein. Ich übernehme mit Freuden das schöne Amt, die einzige Stütze des lieben Papa zu sein.«,[8] schreibt der 12-jährige Kronprinz Rudolf an seine Großmutter Sophie. Diese notiert in ihrem Tagebuch zur bevorstehenden Abreise nach Meran: »Mein armer Sohn. Und Rudolf klagt sehr darüber, sich auf so lange Zeit von seinen Schwestern trennen zu müssen.«[9] Das neuerliche Fernbleiben vom Hof begründet die Kaiserin in einem Brief an ihre Mutter mit dem Gesundheitszustand der zweieinhalbjährigen Marie Valerie, Elisabeths jüngster Tochter. Da sie »in der physischen Entwicklung etwas zurück ist«, solle sie »den Winter in einem guten Klima verbringen«.[10]

Marie Valerie ist das Ergebnis einer kurzzeitigen Versöhnung Elisabeths mit ihrer Rolle als Ehefrau des Kaisers. Gezeugt in einer Phase, als man am Hof schon munkelte, das Kaiserpaar verkehre nicht mehr miteinander. Elisabeth hat zu dem Kind von Anfang an eine besonders tiefe Beziehung. Sie nennt es »das Einzige« oder das »ungarische Kind«. Anders als ihre drei älteren Geschwister ist Marie Valerie nicht in dem für die Kaiserin bedrückenden Wien, sondern in Budapest zur Welt gekommen. Elisabeth

Ohne Elisabeths Aufenthalte hätte Meran sich wohl nie zum bekannten Kurort entwickelt.

entwickelt für Marie Valerie »eine geradezu hysterische Mütterlichkeit«[11] und nimmt ihre Erziehung selbst in die Hand. Die jüngste Tochter ist nun bei fast allen Reisen der Kaiserin dabei und nimmt deren ganzes Wesen in Beschlag. Die Kaiserin sei eine Gluckhenne, spottet man bei Hof.

Die Wiener Zeitungen übernehmen Elisabeths Begründung für den überraschenden Aufbruch nach Meran. Ende September berichten sie, Marie Valerie habe »infolge der ungünstigen Witterungsverhältnisse des Sommers in ihrer Entwicklung nicht die erwünschten Fortschritte gemacht. So wurde es von ärztlicher Seite – ohne daß der Gesundheitszustand zu irgendwelchen Besorgnissen Veranlassung geben würde – als sehr wünschenswert erklärt, daß ein milderer Winteraufenthalt genommen werde.«[12]

Die erwähnte ärztliche Seite ist Hermann Widerhofer, als Kinderarzt eine Kapazität und einer der wenigen Verbündeten Elisabeths bei Hof. 1863 war er zum Leiter des St.-Anna-Kinderspitals in Wien und bald darauf auch zum Leibarzt für die Kaiserkinder ernannt worden – in einer für Elisabeth turbulenten Zeit. 1865 erkrankte der siebenjährige Kronprinz Rudolf so schwer, dass man am Hof »das Allerschlimmste« befürchtete. Ständiges Fieber, Angina, Angstzustände – für Widerhofer eine Folge der sadistischen Erziehungsmethoden des Grafen Leopold Gondrecourt. Dieser hatte den Buben seit dem sechsten Lebensjahr unter seiner Fuchtel und sollte ihn auf Geheiß des Kaisers »scharf hernehmen«, damit ein ordentlicher Soldat aus ihm werde. Ermuntert von Widerhofer setzte Elisabeth dem Kaiser ein Ultimatum: »Entweder geht Gondrecourt oder ich.«[13] Erst nach dieser Unabhängigkeitserklärung konnte sie bei der Erziehung ihrer Kinder ein entscheidendes Wort mitreden. Zu Rudolfs Hauslehrer wurde nun der liberale Oberst Joseph Latour von Thurmburg ernannt, der den Kronprinzen auch auf seinen späteren Reisen nach Meran begleitet.

In ihrem Ultimatum hatte sich die Kaiserin auch persönliche Freiheiten ausbedungen. Dass nämlich, »was immer meine persönlichen Angelegenheiten betrifft, wie unter anderem die Wahl meiner Umgebung, den Ort meines Aufenthalt, alle Anordnungen im Haus, mir allein zu bestimmen vorbehalten bleibt.«[14] Eine ungeheuerliche Auflehnung gegen das traditionelle Rollenverständnis, das in der Ehefrau das folgsame Anhängsel ihres Herrn und Gebieters sieht. Damit ist Elisabeth der modernen Frauenbewegung um über 100 Jahre voraus. Mit diesem reklamierten Recht der freien Ortswahl plant sie fortan alle ihre Reisen. So auch, als sie im September 1870 auf Anraten von Widerhofer die Anweisung erteilt, für sie ein passendes Winterquartier südlich der Alpen zu suchen. Vor diesem Zusammenspiel der Kaiserin mit dem Arzt muss auch Franz Joseph kapitulieren.

Franz Joseph an seine Mutter Sophie

SCHÖNBRUNN, 23. OKTOBER 1870

Die Trennung von Sisi und meinen Töchtern war hart, doch machte uns die Kleine in der letzteren Zeit soviel Angst und Widerhofer sprach sich so bestimmt für den Winter in südlicher Luft aus, daß ich beistimmen mußte. Die Kleine war nicht eigentlich krank, war aber matt und erschreckend abgemagert bei enormem Appetit und aufgetriebenem Magen und Bauch. Widerhofer sagt, es sei noch eine Folge der Ruhr, welche sie voriges Jahr überstanden hat, und viel freie Luft die Hauptsache.[15]

Ein von Elisabeth angeblich benutzter Sonnenschirm mit Schatulle.

MERAN, MEHR KUH- ALS KAISERSTADT

Weshalb Elisabeth trotz allem ins südliche Tirol kommt

MERAN IST OFFENBAR NICHT Elisabeths erste Wahl. Ende September berichtet die BOZNER ZEITUNG, dass »nach dem ursprünglichen Plane des kaiserliches Hofes Gries bei Bozen für Ihre Majestät ausersehen« war. Der an den roten Porphyrfelsen geschmiegte kleine Kurort hat ein noch milderes Winterklima als die Stadt an der Passer und liegt zudem günstig an der 1867 eröffneten Brennerbahn. Die Kaiserin entscheidet sich dann doch für das größere Meran, weil »die Bewohner von Gries gar nichts gethan haben, und hier noch alles fehlt, was zu den allernächsten Bedingungen eines klimatischen Curortes gehört«, tadelt die BOZNER ZEITUNG. Das mit Wiener Kapital gebaute Großhotel Austria wird erst 1872 fertiggestellt.

Aber auch Meran hält einem Vergleich mit den renommierten Kurorten nicht stand: nicht mit den gepflegten Promenaden und pompösen Hotels von Baden-Baden, nicht mit der feinen Gesellschaft von Karlsbad oder mit dem Flair von Bad Ischl, wo Franz Joseph und Elisabeth sich 1853 kennenlernten.

Meran nennt sich »klimatischer Curort« – ein Prädikat, das ihm der Arzt der Wiener Fürstin Mathilde von Schwarzenberg gegeben hat. Doch außer einigen Spazierwegen durch die Weinberge und zu den Schlössern der Umgebung hat die Stadt zunächst wenig zu bieten. Fürstin Schwarzenberg war 1836 zur Traubenkur gekommen, ihr Arzt lobte dann in einer Broschüre das südländische Klima Merans sowie die Molke- und Traubenkuren, die gegen allerlei Wehwehchen Wunder wirken sollen.

»Die Gesellschaft ist unter der Kanone – zum Verzweifeln«,[16] schimpft 1840 der Maler Carl Spitzweg, als er Meran für einige Tage besucht. Die 1855 gegründete Kurkommission, die erste in Tirol, kann am faden Leben

Meran um 1870. Die Wassermauer im Vordergrund dient als Promenade.

in der Stadt zunächst wenig ändern. Noch 1870 finden die Gäste an Kureinrichtungen nur eine kurze hölzerne Wandelbahn neben der Passer vor, wo sie auch bei schlechtem Wetter promenieren können. Sie grenzt an einen Hühnerhof mit markanten Duftnoten. Die Promenade selbst ist ein staubiger Weg auf dem Damm der Passer. In einigen Gassen der Altstadt stehen noch Viehtränken und an Vergnügungen wird nicht viel mehr als ein Lesezimmer geboten, das sich ausgerechnet im ersten Stock des Schießstandes befindet.

Immerhin spielt seit Beginn der Herbstsaison 1870 zweimal wöchentlich eine 15-köpfige Kurkapelle an der Wandelbahn auf. »Vergnügungen außer der Kurmusik bieten sich der Kurwelt bisher leider noch keine, wenn man nicht etwa einige Drehorgeln und eine heute angekommene, nicht gerade zu viel versprechende Akrobatengesellschaft dazu zählen will.«,[17] klagt die Presse.

So gibt es für die Kaiserin einer Großmacht sicher angemessenere Orte als Meran. Für die beschauliche Kleinstadt spricht aber, dass sie trotz der südlichen Lage noch im österreichischen Kernland liegt – in unsicheren

Zeiten von großem Vorteil. Auch übt Meran trotz seiner Mängel einen seltsamen Reiz auf blaublütige Besucher aus. Eine Folge seiner Rolle als Hauptstadt Tirols im fernen 14. Jahrhundert. Als 1363 die legendäre Margarethe Maultasch nach dem Tod ihres einzigen Sohnes abdankte, übernahmen die verwandten Habsburger die Regentschaft über Tirol. Damit begann deren Aufstieg zu einer der mächtigsten Dynastien Europas und der Abstieg Merans zugunsten von Innsbruck. Mitglieder der weitverzweigten Familie der Habsburger zog es aber stets ins sogenannte Burggrafenamt. Der Tiroler Landesfürst Sigmund der Münzreiche zum Beispiel baute sich im 15. Jahrhundert mitten in Meran ein Lustschlösschen für seine Liebesabenteuer, deren Zahl Legende war.

Auch dem späteren Kaiser Maximilian I. gefiel es in der Stadt, zahlreiche weitere Mitglieder des Hochadels folgten. 1821, im Todesjahr Napoleons, zog sich dessen zweite Frau Marie Louise für eine Weile nach Meran zurück. Sie war ebenfalls eine Habsburgerin, aus Staatsräson hatte man sie mit dem verhassten Franzosen verheiratet. Der nächste unglückliche Habsburger kam 1844. Erzherzog Johann, dem »grünen Rebell«, war wegen seiner offenen Unterstützung für Andreas Hofer die Einreise in sein geliebtes Tirol verweigert worden – ausgerechnet vom eigenen Bruder Kaiser Franz II.

Als der Bann aufgehoben wurde, kaufte sich der Erzherzog das Schloss im nahen Schenna und blieb dort bis zu seinem Tod. Auch die folgenden Generationen hatten ein Faible für Meran. Ferdinand Max genoss das Meraner Klima, ehe er sich zum Kaiser von Mexiko ausrufen ließ.

Der jüngste Bruder des österreichischen Kaisers Franz Joseph, Carl Ludwig, erlag ebenfalls dem Flair der alten Landeshauptstadt. 1863 kaufte er in Meran/Obermais den Ansitz Rottenstein. Ein Jahr später erwarb er gleich noch Schloss Rametz dazu. Meran ist bei den Habsburgern also längst en vogue, als Elisabeth im Herbst 1870 verkündet, dort den Winter zu verbringen.

DIE WAHL FÄLLT AUF TRAUTTMANSDORFF

Ein Schloss, in dem man schön Geister spielen kann

WIE KURZFRISTIG DIE KAISERIN 1870 ihre erste Reise nach Meran plant, zeigt der Termindruck, unter dem die Hofverwaltung steht. Die Quartiersuche beginnt erst Ende September, drei Wochen vor der geplanten Anreise. Dazu treffen am 26. September der Privatsekretär der Kaiserin, Hugo Feifalik, und Hofarzt Franz Auckenthaler in Meran ein. Sie stehen vor einer schwierigen Aufgabe. Zum einen ist die Herbstsaison bereits im Gang, die wenigen Hotelzimmer und die sonnigsten Villen sind für den gesamten Winter vermietet. Zum anderen gibt es in der Umgebung kein Gebäude, das würdig wäre für die Kaiserin und zugleich geräumig genug für ihr großes Gefolge. Die nahe liegende Lösung, bei ihrem Schwager Carl Ludwig auf Schloss Rottenstein Quartier zu nehmen, schlägt Elisabeth zunächst aus.

In ihrer Not nehmen die beiden Emissäre den Vorschlag des Meraner Kurvorstehers an, die Kaiserin im Schloss Trauttmansdorff einzuquartieren. Der Hofstaat ließe sich auf den nahen Ansitzen Rubein, Pienzenau und Rametz sowie in der Villa Stadler unterbringen. Trauttmansdorff ist für eine Kaiserin eine spartanische Unterkunft. Ein Schloss ist es nur dem Namen nach. Es besteht aus vielen kleinen Räumen, die auf unterschiedlichen Höhen liegen. Will man von einem Zimmer ins andere, geht es oft treppauf, treppab. Die verschachtelte Struktur ist das Ergebnis einer wechselvollen Geschichte, die im Mittelalter begann. Nachdem das Schloss immer wieder in andere Hände gekommen war, gehörte es zuletzt dem Grafen Joseph von Trauttmansdorff, der es mit Bildern alter deutscher Meister, mit Rüstungen und Zinngefäßen vollstellte. Ein düsteres Ambiente, das der ältesten Tochter der Kaiserin allerdings sogleich behagt. Die

14-jährige Gisela schreibt ihrem Bruder Rudolf nach Wien: »In der Villa, die Mama bewohnt, sind eine Menge alter Rüstungen aufgestellt und an den Wänden hängen Ahnenbilder; dort ließ es sich gut Gespenster spielen. [...] Ruinen gibt es hier eine Menge, und Kirchen noch mehr.«[18]

Das Schloss hat zwar eine »abgeschlossene, reizende Lage, in der es von den hoch über ihm weggehenden Winterstürmen sowie von dem rauschenden Wellenschlag des städtischen Lebens verschont bleibt«,[19] die von Elisabeth gesuchte Abgeschiedenheit entschädigt aber kaum für die Unannehmlichkeit, »in einem Baue zu wohnen, welcher räumlich kaum bürgerlichen Ansprüchen einer Familie genügt. Vier Zimmer, worunter nur zwei größere, sind die sämmtlichen Wohnräume der erhabensten Frau des österreichischen Kaiserreiches!«[20] Nicht alle Räume lassen sich heizen, auch fehlt ein bequemes Bad. Und das bei der legendären Lust Elisabeths an ausgiebiger Toilette. Es ist also viel zu tun, damit das Quartier auf einen der Kaiserin angemessenen Stand kommt.

Deshalb trifft am 2. Oktober Baron Franz von Nopcsa ein. Als Obersthofmeister ist er der höchste Verwaltungsbeamte im Dienste der Kaiserin. Mit einem zehnköpfigen Gefolge steigt er im Erzherzog Johann am Sandplatz ab, dem einzigen größeren Hotel in der Stadt. Erst vier Tage zuvor hat der Hof die Reisepläne Elisabeths offiziell bestätigt. In ihrer Freude über »die unschätzbare Ehre für unseren Kurort« bereiten die Meraner dem Obersthofmeister vor dem Hotel einen lautstarken Empfang, wovon die Presse mit leisem Spott berichtet. »Die städtische Musikkapelle gab eine Serenade, welche jedoch der Graf gleich nach der ersten, nicht zu leugnen etwas geräuschvollen Pièce – die 36 Mann zählende Kapelle producirte ihre türkische Musik – ablehnte.«[21] Die Kurstadt muss die Etikette erst noch üben.

Ein Morgenmantel, der angeblich aus dem Besitz von Elisabeth stammt.

Nach 1847 wird Schloss Trauttmansdorff im Stil der Romantik renoviert.

Das Schlafzimmer des Kaiserpaares in der Wiener Hofburg, wie es heute dort zu sehen ist.

Alterssitz eines Haudegens

■ **DIE MIT DEN HABSBURGERN** verfeindeten Venezianer versperren um 1500 dem Tiroler Landesherrn König Maximilian die Wege nach Italien. Da kommt ihm das Heer des Bischofs von Trient zu Hilfe. Unter dem Kommando des erst 20-jährigen Nikolaus von Trauttmansdorff kämpft es die Wege in den Süden wieder frei. Als Kaiser des Heiligen Römischen Reichs baut Maximilian später immer wieder auf den als verwegen bekannten Trauttmansdorff. Der Haudegen kommt zu erheblichem Wohlstand, sodass er sich 1543 die Burg Neuberg bei Meran kaufen kann. Trauttmansdorff baut Neuberg zu einer Wohnburg aus, wo er sich von seinen Abenteuern erholt. Aus diesen Jahren stammen einige der noch erhaltenen Kachelöfen. Die meiste Zeit verbringt Trauttmansdorff jedoch in seinem Schloss Mattarello bei Trient, wo er während des Konzils (1545–1563) glanzvolle Empfänge ausrichtet. 100 Jahre später stirbt die Tiroler Linie derer von Trauttmansdorff aus. Zudem verliert der Adel um diese Zeit das Interesse an den Ansitzen auf dem Land und zieht in die Stadt. Die Wohnburg derer von Trauttmansdorff zerfällt. Um 1780 stürzt ein Turm ein und zerstört ein Vorgebäude und eine Kapelle.

Nur ein Nebentrakt wird von einer Bauernfamilie bewohnt. 1847 kauft der verträumte Romantiker Joseph Graf von Trauttmansdorff, ein Angehöriger der steiermärkischen Trauttmansdorff-Linie, die Ruine und lässt die Mauerreste mit viel Fantasie im gerade modernen Stil der Neugotik überbauen. Schloss Trauttmansdorff, wie es von nun an heißt, bekommt um diese Zeit sein heutiges Aussehen. Die Ankunft von Kaiserin Elisabeth in seinem Schloss erlebt Trauttmansdorff nicht mehr. Er starb drei Jahre zuvor.

Im Schloss Trauttmansdorff stehen 1870 zahlreiche Rüstungen.

EIN BLICK IN ELISABETHS KASSE

Die Reise nach Meran, so teuer wie zehn Villen

OBERSTHOFMEISTER NOPCSA HAT nicht nur etliche Wagen voller Möbel aus Wien mitgebracht, sondern auch reichlich Geld. »Zur Bestreitung der Auslagen für den allerhöchsten Sejour Ihrer Majestaet und der durchlauchtigsten Kinder zu Meran« weist die Hofbuchhaltung als erste Anzahlung 50 000 Gulden aus, registriert als »extraordinäre Hofreise-Auslage«.[22] Weitere 50 000 Gulden bekommt Elisabeths Sekretär Hugo Feifalik am 17. Oktober ausbezahlt. Allein bis Jahresende lässt sich die Kaiserin ihre Reise nach Meran rund 86 000 Gulden aus der »k. k. Hof-Reise-Cassa« kosten. Weitere 243 000 kommen in der ersten Hälfte des Jahres 1871 hinzu, womit der gesamte Aufenthalt fast 330 000 Gulden kostet.[23] Zum Vergleich: Für den Ansitz Rottenstein, den Elisabeths Schwager Carl Ludwig wenige Jahre zuvor gekauft hat, soll es nur 35 000 Gulden bezahlt haben. Einen Großteil machen die Kosten für den 102-köpfigen Hofstaat aus: Köche, Zuckerbäcker, eine Vorleserin, Zofen und Kammerdiener, Reitlehrer und Hauslehrer. Für niedere Dienste werden zudem aus Meran und Umgebung an die 100 Hilfskräfte eingestellt, und zwar »ausschließlich aus der Klasse der Unbemittelten [...] weshalb das kaiserliche Hoflager auch in dieser Beziehung eine große Wohlthat für diese Gegend«[24] ist, schreiben die lokalen Zeitungen.

Die Mieten für die Schlösser Trauttmansdorff, Rametz und Rubein, für die Villa Stadler und den Ansitz Pienzenau schlagen mit rund 50 000 Gulden zu Buche. Doch die Gebäude sind für derart hohen Besuch erst aufwändig herzurichten. Wo die Kaiserin und der Hofstaat wohnen, werden Blitzableiter aufgesetzt – für die Presse ein erster Hinweis, dass die Kaiserin sich auf einen längeren Aufenthalt einstellt. Dafür spricht auch, dass

Vier der fünf Ansitze in Meran, die Elisabeth und ihr Hofstaat 1870 in Beschlag nehmen.

im Schloss Trauttmansdorff ein eigenes Hoftelegrafenamt mit direkter Verbindung nach Wien eingerichtet wird. Der Hof schickt lieber aus der Hauptstadt zwei Telegrafenbeamte nach Meran, als den Verkehr über das öffentliche Amt abzuwickeln.

23 000 Gulden kosten die Renovierungsarbeiten für Trauttmansdorff. In einigen Räumen werden Öfen aufgestellt, Mauern werden ausgebessert und Wände geweißt. Am Ansitz Pienzenau ist »ein möglichst eleganter Stall« für die 27 Pferde in Elisabeths Hofstaat einzurichten, aus der großen Scheune wird eine Remise für den kaiserlichen Fuhrpark. Bei diesem Fuhrpark stellt sich übrigens sogleich heraus, dass die Hofverwaltung mit den Besonderheiten Merans noch nicht ganz vertraut ist. Einige der Karossen sind viel zu schwer. Nopcsa zitiert deshalb sogleich den Wagenoberlieferanten des kaiserlichen Hofes nach Meran. Er soll die Wege in die Meraner Umgebung in Augenschein nehmen und dann leichtere und geeignetere Wagen anschaffen.

Für ein anderes Problem braucht es ebenfalls die kostspielige Hilfe aus dem fernen Wien. Die bestehenden und neu aufgestellten Öfen im Schloss

Trauttmansdorff und in den übrigen Quartieren bereiten den Brandwächtern Sorgen. Die Kamine in den Gebäuden sind nicht die neuesten. Nicht auszudenken, wenn die kaiserliche Unterkunft vor lauter Heizen Feuer finge. Also bestellt die Hofverwaltung bei der »Wiener Feuerlösch-Geräthe-Fabrik« für 2 000 Gulden eine »Gebirgs-Feuerspritze samt Wasserwagen und den nöthigen Löscheimern und Requisiten«. Gegen Aufpreis gibt es sogar »eine Bremse auf beide Hinterräder, vom Kutschbock aus zu dirigieren«.[25] Der nagelneue Wagen wird umgehend nach Meran geschickt, in Begleitung eines »ganz verlässlichen Hoffeuermannes«. Er hat den Befehl, als Spritzenmeister bis zum Ende von Elisabeths Aufenthalt zu bleiben. Vor Ort bekommt die neue »Hof-Feuerspritze« sogleich bei einer gemeinsamen Übung mit der Meraner Turner-Feuerwehr die Feuertaufe. Eine große Schar Schaulustiger und die Presse stellen zufrieden fest, dass das neue Gerät und die Zusammenarbeit »als meisterhaft bezeichnet werden kann«.[26] Dennoch wird für »die Mobilien und Pretiosen des Hofes« bei einer hiesigen Agentur eine Assekuranz abgeschlossen. Man weiß ja nie.

Auch die Stadtverwaltung von Meran und die noch selbstständige Gemeinde Mais übernehmen Arbeiten. Die Auffahrt nach Obermais und von dort zum Schloss Trauttmansdorff muss breiter werden, für den Fall, dass die Kaiserin samt größerem Tross einmal in die Stadt kommen will. Wie die Lokalpresse lobend hervorhebt, hat ein Hofbesitzer den Grund für die Verbreiterung »mit Vergnügen gratis abgelassen«.[27] Als dann auch noch fünf Beleuchtungswärter sowie sechs Wegmacher eingestellt sind, um die Verbindungen zwischen Schloss Trauttmansdorff und den übrigen Quartieren instand zu halten, und als schließlich auch das heikle Problem gelöst ist, welche Honoratioren in welcher Reihenfolge zur Begrüßung der Kaiserin im engen Schlosshof Aufstellung nehmen dürfen, steht der Ankunft Ihrer Majestät nichts mehr im Weg. SB

Ein Meraner Feuerwehrmann um 1870

DIE ANFAHRT DER KAISERIN

Elisabeth in »strengstem Inkognito« – aber Tirol feiert

AM 15. OKTOBER 1870, morgens um sieben, steigt die Kaiserin im Wiener Westbahnhof in ihren Salonwagen. Er hängt an einem insgesamt sieben Waggon langen »Separatzug«, mit dem auch ein Teil des Hofstaates reist. Die Fahrt geht auf der »k. k. privilegierten Kaiserin-Elisabeth-Bahn« über Linz und Salzburg nach Kufstein. Die Linie ist erst seit 1860 in Betrieb und trägt den Namen der Kaiserin, weil der Bau ein Gemeinschaftsprojekt von Bayern und Österreich war. In der Bevölkerung setzt sich aber der schlichtere Name »Westbahn« durch. Elisabeths Anreise nach Meran erfolgt »unter strengstem Inkognito«. Im Sprachgebrauch des Hofes heißt das, die Kaiserin ist nicht in offizieller Mission unterwegs, sondern ganz privat, weshalb jede Empfangsfeierlichkeit zu unterbleiben habe. Die Tiroler aber denken nicht daran, sich an diese Anordnung zu halten. Als der Zug am Nachmittag nach fast neunstündiger Fahrt in den Grenzbahnhof Kufstein einrollt, donnern Kanonen, eine Musikkapelle spielt den Kaisermarsch und es erschallt »ein allgemeines Hoch«.

Die Weiterfahrt nach Innsbruck schildern die Zeitungen als Triumphzug. »Das Volk machte Spalier längs der Bahn, Musiker und Sänger brachten überall ihr Bestes dar, Böller knallten, hundertfältig übertönt vom Jubelruf der Menschen. Tirol und sein Volk hatten festlichen Staat gemacht, um der Landesmutter zu huldigen, und nicht etwa auf Kommando, sondern aus freiem Antrieb.«[28] Als die Kaiserin in Innsbruck aus dem Zug steigt, »ertönen vielstimmige Lebehochrufe der vor dem Bahnhof sich massenhaft drängenden Einwohnerschaft.« Gisela, die erst in Salzburg zugestiegen ist, beschreibt den aufgeregten Trubel in einem Brief an ihren Bruder Rudolf: »Als wir nach Kufstein kamen regnete es leider; jedoch am Bahnhof war

Schulklasse in Meran um 1870

großer Empfang, welcher bis Innsbruck fortdauerte; es waren Bergfeuer angezündet und die Straßen von der Stadt beleuchtet auf die schönste Art. Das Volk lief jubelnd dem Wagen nach und blieb lange vor der Residenz stehen. Ich übernachtete in einem großen Zimmer mit Ahnenbildern.«[29]

Der Empfang fällt auch deshalb so überschwänglich aus, weil Elisabeth zum ersten Mal nach Tirol kommt. Seit 16 Jahren ist die Prinzessin aus Bayern nun schon Kaiserin von Österreich. Aber noch nie war es ihr die Mühe wert, dieses Kronland zu besuchen. Der Kaiser selbst war auch schon seit sieben Jahren nicht mehr da. Dabei schwören die Tiroler bei jeder Gelegenheit auf ihre Treue zur Habsburgermonarchie. »Für Gott, Kaiser und Vaterland« sind sie schon unter Andreas Hofer aufmarschiert, auf das Kaiserhaus lassen sie nichts kommen. Unter der patriotischen Hülle haben sich allerdings erhebliche Spannungen zwischen Tirol und Wien aufgebaut. Angeführt vom Klerus wehrt sich das stockkonservative Tirol gegen eine bescheidene Liberalisierung der von der Kirche dominierten Schule. Die Bergler können nicht verstehen, dass auch der Kaiser für die »gottlose« Abkehr von alten Regeln ist.

Umso überraschter ist man in Wien nun über den begeisterten Empfang. Das dem Außenministerium nahestehende FREMDEN-BLATT schreibt über die Feier in Innsbruck. »Wir schätzen von Neuem den Werth der Tiroler, trotz der Schrullen, welche sich in ihren harten Köpfen eingenistet haben.«[30] Auch der Kaiser ist über den Empfang für Elisabeth erfreut. »Ich hoffe auch in einiger Zeit hingegen und dort und in Innsbruck mich aufhalten zu können, was in vielen Beziehungen gut sein wird«,[31] schreibt er an seine Mutter.

Elisabeth macht es den Tirolern allerdings nicht leicht. Bei ihrer Anreise versteckt sie sich meistens hinter den Gardinen ihres Salonwagens oder in der geschlossenen Kutsche. Ein Popstar, der die Aufmerksamkeit genießt, ist sie nicht. So endet der abendliche Empfang in Innsbruck mit einer Enttäuschung, weil »Ihre Majestät sich nicht veranlaßt fand, am Balcone des kaiserlichen Schloßes der Einwohnerschaft Innsbrucks sich zu zeigen, was allgemein erwartet worden und dessen Unterlassen die Tausende der am Rennplatz Versammelten in mißmuthige Stimmung versetzte.«[32]

Diese Holztruhe trägt das Monogramm Elisabeths und dürfte von ihr benützt worden sein.

Eine ähnliche Enttäuschung erleben tags darauf auch die Bozner. Als der Sonderzug der Kaiserin vom Brenner kommend in den Bahnhof einfährt, sind die Straßen in Blau und Weißrot beflaggt, Tausende Schaulustige wollen die Kaiserin in Augenschein nehmen. Doch der Musikchor stimmt vergebens die Kaiserhymne an, die Delegationen stehen sich die Beine in den Bauch. Elisabeth verweigert sich dem im »poetisch schön ausgeschmückten Wartesaal der I. Klasse« vorbereiteten Festmahl und zieht es vor, mit ihren beiden Töchtern im Waggon zu speisen. Auch hat sie sich per Telegramm aus Brixen »jede rauschende Musik« verbeten, sodass nun »ehrerbietige Stille« herrscht.[33] Erst nach einer knappen Stunde kann die versammelte Menge einen kurzen Blick auf die Kaiserin werfen, als sie in einen vor dem Bahnhof wartenden Zweispänner steigt. Gleich darauf setzt sich der kaiserliche Tross in Richtung Meran in Bewegung. Den großen Empfang im Schlosshof von Trauttmansdorff lässt sie über sich ergehen, verschickt die angetretenen Honoratioren aber bald mit den knappen Worten: »Es freut mich, in Ihr schönes Land zu kommen, werde lange bleiben.«[34]

Bigotte Tiroler, Böse Wiener

■ **ZWEI JAHRE VOR DER** ersten Meran-Reise der Kaiserin beschließt die Regierung in Wien eine längst fällige Verwaltungsreform, die auch die Schule modernisiert. Die Schulpflicht wird von sechs auf acht Jahre verlängert, die Schülerzahl pro Klasse auf 80 (!) begrenzt. Vor allem aber wird die Schule der Oberaufsicht der Kirche entzogen und dem Staat unterstellt. Gegen diese »gottlose Neuschule« läuft ab 1869 insbesondere das kirchentreue Tirol Sturm. Dem Klerus nahe stehende Abgeordnete ziehen unter Protest aus dem Innsbrucker Landtag aus. Bischöfe verfassen aufwiegelnde Hirtenbriefe, Pfarrer verteufeln die Reform von der Kanzel herab und boykottieren die von den Bezirksverwaltungen eingesetzten staatlichen Schulinspektoren. Melden diese sich zum Besuch an, finden sie vielerorts leere Schulen vor, weil die aufgehetzten Eltern die Kinder schnell heimholen. 1870 – just zum Zeitpunkt der Meran-Reise von Kaiserin Elisabeth – erleben die Proteste in ganz Tirol ihren Höhepunkt. In vielen Dörfern kommt es zu Tumulten. Mütter stören »durch lärmendes Dazwischentreten« die Arbeiten der Inspektoren, anderen wird mit Mistgabeln der Zutritt in die Schulen verwehrt. Der Pfarrer von Schenna ist einer der militantesten Gegner der Reform. Er wirft sogar mit Knüppeln nach den Inspektoren. Dafür wird ihm zusammen mit anderen Radikalen der Prozess gemacht, was die Empörung noch weiter anheizt. Das erzkonservative Lager in Tirol, das dem Kaiser stets treu ergeben war, ist bei der Schulreform von ihm schwer enttäuscht. Franz Joseph stellt sich in dieser hitzigen Phase immer wieder auf die Seite der Reform, was die Tiroler Klerikalen als Undank für ihre Kaisertreue auslegen.

AUS DEM ALLTAG EINER KAISERIN

Elisabeth zwischen Spaziergängen und Bittstellern

Schloss Trauttmansdorff hat die Kaiserin fast für sich allein. Im zweiten Stockwerk des Südwesttraktes bezieht sie vier kleine Zimmer. Auf derselben Etage, allerdings im Südosttrakt, stehen drei Zimmer für die kleine Marie Valerie und ihr Kindermädchen zur Verfügung. Neben einigen Zofen und anderen Bediensteten nimmt nur Elisabeths Hofdame, die Gräfin Marie Festetics, auf Trauttmansdorff Quartier. Dort verbergen sich übrigens einige Überraschungen. Amüsiert schreibt Gisela an ihren Bruder Rudolf: »Ein Tafeldecker in Trauttmannsdorf, der ein Kapselgewehr besitzt, schoß neun Mäuse und eine Ratte.«[35]

Wegen der grandiosen Aussicht über Meran und ins Etschtal, der wertvollen Kachelöfen und der Täfelung sind die vier Räume der Kaiserin die schönsten im gesamten Schloss. Von ihrem Bett aus blickt Elisabeth auf Fresken aus dem 16. Jahrhundert, die Szenen aus dem Leben Christi darstellen. Nebenan liegt einige Stufen höher ihr Toilettenzimmer. Vermutlich steht dort eine mobile Badewanne aus den Beständen des Hofes, denn ein eigenes Bad gibt es auf Trauttmansdorff für die Kaiserin noch nicht. Selbst in ihren Gemächern in Wien bekommt sie erst 1876 ein eigenes Badezimmer nach heutigen Maßstäben.

Einen der vier Räume, den sie direkt vom Toilettenzimmer aus betreten kann, nutzt die Kaiserin als Empfangszimmer. Es hat einen großen Balkon nach Westen hin, mit schönem Blick auf die Ansitze Rametz, Stadlerhof, Rubein und Pinzenau, wo der übrige Hofstaat untergebracht ist. Gisela wohnt mit ihrer Erzieherin und den Zofen im Stadlerhof. Für die späteren Besuche des Kaisers ist auf Trauttmansdorff ein größerer Raum mit Blick nach Süden reserviert. Er liegt zwischen den Zimmern der Kaiserin und

Eines der ersten Fotos von Elisabeth zeigt sie im Alter von ungefähr 20 Jahren.

Elisabeths Schlafzimmer im Schloss Trauttmansdorff mit einem um 1900 aufgemalten bayerischen Wappen

denen von Marie Valerie. In der Regel speist Elisabeth auf Trauttmansdorff mit den Kindern und der »hoffähigen Suite«, einem erlesenen Kreis des Hofstaates sowie besonders hochstehenden Gästen. Für den Rest des Hofstaates und für Gäste von niedererem Rang wird auf Rubein die »Kontrolorstafel« gegeben. Die Lebensmittel für den kaiserlichen Hof werden zumeist in Meran eingekauft. Doch lässt man sich frischen Panettone aus Mailand kommen und wenige Tage vor Weihnachten 1870 gehen in Wien mit dem Postzug »12 auserlesene Fasanen für die Tafel Ihrer Majestäten«[36] ab. Dafür schickt Gisela an ihren Bruder »ein hießiges Gebäck, welches man nur zu Allerheiligen bekommt. Ich hoffe es wird Dir trotz seiner Einfachheit schmecken.«[37]

Bereits am ersten Morgen nach der Ankunft in Meran lässt Elisabeth ihrem legendären Bewegungsdrang freien Lauf. Um sieben Uhr früh sieht man sie mit raschen Schritten durch die Wiesen vor dem Schloss wandern. Ganz allein, wie die verblüfften Zeitungskorrespondenten beobachten. Der Zugang zum Schlossgarten bleibt zunächst offen. Einige Einheimische nutzen sogleich die Gelegenheit, die Kaiserin um Hilfe anzugehen.

Nach dem vierten Tag stehen Zivilwachen an der Auffahrt zum Schloss, auf den Wegen um Trauttmansdorff patrouillieren Gendarmen, »damit Ihre Majestät von unverschämten Bittstellern nicht belästigt werde«,[38] wie es nun in der Presse heißt. Einmal lässt die Kaiserin eine Riesin, die in Meran gerade zur Schau gestellt wird, vom Obersthofmeister in den Schlosshof bringen, wo sie Elisabeth und einigen Frauen des Hofstaates vorgestellt wird.

Elisabeth an Franz Joseph

MERAN, 19. OKTOBER 1870

Ich machte in der Früh eine grosse Promenade von vier Stunden, die so schön war, dass ich mich den ganzen Weg schon freute, Dich einmal dorthin zu führen.[39]

Elisabeth ist fast täglich unterwegs. Sie spaziert allein durch die Gassen von Obermais, fährt in einem bescheidenen Wagen ins Stadtzentrum und promeniert über die Wassermauer. Sie besucht mal allein, mal vom Obersthofmeister oder ihrer Vorleserin begleitet, Schloss Schenna oder Schloss Lebenberg oberhalb von Marling. Sie reitet auf einem ihrer beiden aus Wien mitgebrachten Pferde mit dem Obersthofmeister nach Forst bei Algund, um auf dem Rückweg kurz einem Konzert der Kurmusik zu lauschen. Sie macht sich hoch zu Ross auf den weiten Weg zum Mitterbad im Ultental, das bei ihr wegen seiner Lage in einem düsteren Kessel allerdings »nicht den angenehmsten Eindruck«[40] hinterlässt, obwohl am Tag zuvor ein Teil der Hofküche von Trauttmansdorff zum Mitterbad transportiert wurde, um die Kaiserin vor Ort zu versorgen.

Oder sie steigt, allein von einem Diener begleitet, zur Fragsburg hinauf, wo sie sich allerdings verirrt. Sie muss einen Bauern nach dem Weg fragen, »wofür diesem ein reichliches Geldgeschenk zu Teil wurde«,[41] wie die Presse umgehend berichtet. Episoden wie diese werden in den folgenden Monaten immer wieder kolportiert. Sie sind alle nach demselben Muster aufgebaut: Elisabeth streift unerkannt durch die Gegend; draußen auf dem Land weiß man noch weniger als in der Stadt, wie eine Kaiserin aussieht. Dann lüftet sich aber doch ihr Inkognito, indem sie sich von ihrer großzügigen Seite zeigt. Vielleicht eine Reaktion auf die Kritik, sie sei in ihrer Überspanntheit von einer verletzenden Arroganz. Die am häufigsten und in vielen Varianten berichtete Anekdote spielt in Hafling hoch über Meran. Auf einer ihrer langen Wanderungen sei Elisabeth, nur von einer Hofdame begleitet, an einem Bauernhof vorbeigekommen. Sie habe um ein Glas Milch gebeten und erst als sie es mit einer fürstlichen Summe bezahlte, habe die Bäuerin sie erkannt.

Diese Wanderschuhe hat Elisabeth angeblich bei einem Ausflug ins Ultental getragen. Sie werden im Ultner Talmuseum aufbewahrt.

Gräfin Festetics, die so viel Negatives über die Launen Elisabeths gehört hatte, dass sie zunächst nicht als ihre neue Hofdame mit nach Meran fahren wollte, notiert über die Meraner Zeit, »daß die Kaiserin viel allein spazieren geht mit ihrem großen Hund [...] daß sie einen dicken blauen Schleier trägt – daß wenn sie Jemand mitnimmt, es die Ferenczy [ihre ungarische Vorleserin] ist und sie den Leuten ausweicht. Das ist Alles höchst bedauerlich – aber eigentlich nichts schlechtes.«[42] So sehr sie Menschen meidet, so vernarrt ist Elisabeth in Hunde. In Meran hat sie nicht nur ihren von etlichen Fotografien bekannten Lieblingshund Shadow dabei. Bei der Anreise sah sie in Innsbruck auf der Straße einen großen Hund und kaufte ihn spontan. »Sie machte dem Mann, der ihn führte, Zeichen, und wir glauben, er wird bald hier ankommen.«,[43] schreibt Gisela ihrem Bruder Rudolf. Wenig später kann sie ihm tatsächlich berichten, »Mama's neuer Hund hat ein Zwangscollier mit Stacheln nach innen, welches ihn gehorsam machen soll.«[44] Auch Gisela selbst hat einen Hund, weshalb es im Hofstaat einen eigenen Hundeführer gibt, der in Meran übrigens für recht viel Geld mehrmals neu eingekleidet wird. Daneben gibt es im kaiserlichen Haushalt noch einen Kater, von dem Elisabeth in einem Brief an Franz Joseph schreibt: »Da Valerie neben mir spielt, schreibe ich etwas confus. Sie kocht und der Kater springt immer in den Teig.«[45]

Elisabeth an Franz Joseph

MERAN, 17. OKTOBER 1870

Die Gegend ist hier wunderschön; es wachsen Granatäpfel, Cypressen, Oliven und Kastanien im Freien. […] Die Stadt ist klein und alt; es ist aber auch eine Promenade mit Musik, wo man viele Kranke sieht, die Trauben essen.[46]

Elisabeths Drang nach Einsamkeit wird nur unterbrochen, als im Spätherbst zwei ihrer Schwestern zu Besuch kommen. Anfang November bezieht die 23-jährige Sophie, seit kurzem mit dem französischen Herzog Ferdinand de Alençon Orléans verheiratet (siehe auch Seite 69), eine Villa in Obermais. Ende November stößt auch die aus Rom geflüchtete 29-jährige Marie mit ihrem Mann, dem geschassten König von Neapel, hinzu. Zusammen mit Marie, der Ex-Königin von Neapel, geht Elisabeth in Meran übrigens zum Zahnarzt. Einer der vielen Versuche, ihre hässlichen Zähne – unter diesem Schönheitsfehler leidet sie zeitlebens – zu korrigieren. Das Cassabuch der Kaiserin weist für den Meraner Zahnarzt den riesigen Betrag von 3 000 Gulden aus.

Die drei Schwestern stecken nun häufig zusammen. Elisabeth verzichtet jetzt ab und zu darauf, möglichst unerkannt durch die Gegend zu ziehen. Mit größerem Gefolge unternimmt das Trio Spazierfahrten nach Lana oder Schloss Tirol. In zwei Hofwagen, denen acht Reitpferde folgen, fährt man auf die Töll; mit Sophie reitet Elisabeth nach Schenna, wo man in der Folge stolz eine Reliquie vorzeigen kann: »Das Glas, aus welchem die Kaiserin trank, ist ein vielumworbener Gegenstand«,[47] berichtet die Presse. Als die Meraner sich nach einigen Monaten an den prominenten Gast gewöhnt haben, kann Elisabeth bei ihren morgendlichen Spaziergängen ungestört durch Obermais streifen und ohne großes Aufsehen zu erregen in der Pfarrkirche St. Georgen zur Messe gehen.

Elisabeth an Rudolf

MERAN, 25. OKTOBER 1870

Jetzt, da der gute Papa auch weggefahren ist [aus Wien], bist Du ganz allein und verlassen. Ich kann mir vorstellen, wie traurig das ist. Aber Gott sei Dank, die Zeit, da Du hier sein wirst, kommt immer näher. Wenn das Wetter nur schön wird. Ich wünsche es so sehr, daß sich auch Papa gut unterhält, wenn wir schöne Ausflüge machen können. Valerie sieht Gott sei Dank gut aus, hier ist sie so viel auf der frischen Luft wie nur möglich. Fast täglich spielt sie mit ihrer kleinen Cousine, die immer lustig ist und gut gelaunt, also für sie eine gute Zerstreuung. Jetzt sind Tante Marie und der König [Franz II. von Neapel] eingetroffen. Wir kutschierten mit Tante Sophie [die jüngste Schwester Elisabeths] ihnen entgegen und trafen einander auf der Bozener Straße.[51]

Vor protokollarischen Verpflichtungen hingegen drückt sich die Kaiserin, wo immer sie kann. Eine Abordnung des Tiroler Klerus muss einen Monat auf einen Termin bei Elisabeth warten. Auch der Bürgermeister von Meran bekommt erst nach drei Wochen eine Einladung zur kaiserlichen Tafel. »Er sprach so viel, daß er kaum Zeit zum essen hatte.«,[48] notiert Gisela. Einer der wenigen offiziellen Besuche führt in die Klosterschule der Englischen Fräulein im Stadtzentrum, wo Elisabeth im Garten »die darin vorherrschende gesunde Luftströmung als höchst günstig für die körperliche Entwicklung der darin sich ergehenden Zöglinge hervorhob«[49] und eine Spende übergibt. Immerhin rund zehn Prozent ihres monatlichen Reisebudgets von rund 30 000 Gulden verteilt sie für soziale Zwecke.

Mal sucht der Religionslehrer von Obermais um Weihnachtsgeschenke für seine Schulkinder an, mal der Kooperator von Proveis um einen Beitrag für den Friedhof. Als ein Armenviertel von Trient abbrennt, werden in Elisabeths Namen 1 000 Gulden übergeben.[50] Ebenfalls 1 000 Gulden bekommt der Meraner Kurvorstand, worauf dieser umgehend die beiden Hofärzte Auckenthaler und Widerhofer zu Ehrenmitgliedern ernennt. Die Kaiserin lässt sich zu dieser Ehre nicht herab. Wo die Kaiserin nicht selber mit ihrer Reiseschatulle helfen will, leitet ihr Sekretär die Gesuche nach Innsbruck oder Wien weiter. Da wird um Unterstützung für den Wiederaufbau einer abgebrannten Kirche in Nordtirol gebeten, auch die Gemeinde Wolkenstein in Gröden hätte gern Bares für ihre neue Kirche, die Gemeinde Prad ersucht um Geld für den Bau eines Schulhauses.

Weniger kulant geht der Hofstaat mit anderen Bittstellern um. Fast täglich gehen Anträge ein, ein Geschenk für die kaiserliche Familie abgeben zu dürfen. Mal sind es Fotografien eines Weinhüters, mal zwei Holzschnitzereien für Gisela und Marie Valerie, mal Wachsblumen für Elisabeth. In fast allen Fällen verweigert das Büro des Obersthofmeisters recht resolut die Annahme. Einmal ist er gnädig und lässt das Weinhüterbild eines Bozner Fotografen durch. Prompt meldet sich ein Meraner Fotograf und behauptet glaubhaft, das Foto sei eine gestohlene Kopie seines Originals.

Eines der vielen Porträts, für das Elisabeth nicht selbst Modell stand.

Für erhebliches Aufsehen sorgt ein anderer Fall. Eines Morgens sind entlang der Meraner Promenade zahlreiche Blumen und Sträucher geknickt. Die Presse spekuliert, der Vandalenakt könnte das Werk jener tourismusfeindlichen Kreise sei, die in der Gründerzeit des Kurortes immer wieder von sich reden machten. Dann aber stellt sich heraus, dass der Blumenmörder ein »rühmlich bekannter Klaviervirtuose« ist. Er hatte darum ersucht, sein neuestes Werk nach der Prinzessin Gisela nennen zu dürfen.[52] Als die Hofverwaltung ablehnte, machte sich der enttäuschte Künstler aus Gram über die Flora her. S&

FRANZ JOSEPH AUF BESUCH

Viermal kommt der Kaiser im ersten Jahr nach Meran

Franz Joseph klagt in Briefen immer wieder über die häufige Abwesenheit der Kaiserin, kann gegen ihren eigenständigen Kopf aber nichts ausrichten. Außer, dass er ihr möglichst oft hinterherfährt. Die erste Gelegenheit bietet sich am 19. November, dem Namenstag von Elisabeth, der traditionell gemeinsam gefeiert wird. Das wissen auch die Meraner und so setzen sie für diesen Tag ein großes Schützenfest samt Preisschießen an. Laut den Plänen des Hofes soll der Kaiser mit dem 12-jährigen Kronprinzen Rudolf am 17. November in Meran eintreffen und drei Tage bleiben. »Das wird ein frohes Wiedersehen werden; hoffentlich findest Du dann dort gutes Wetter u. kannst Dich ein bischen in der herrl. Gegend umsehen; die Bauern, die so treu und dynastisch gesinnt sind, werden sich freuen Dich zu sehen und werden auch Dich interessieren, denn sie haben im Allgemeinen einen richtigen, scharfen Verstand u. einen tiefen, festen Glauben.«,[53] schreibt die Mutter des Kaisers an ihren Enkel Rudolf Doch die Reise fällt wegen der zunehmenden Spannungen zwischen Russland und der Türkei kurzfristig ins Wasser.

Das Festschießen ziehen die Meraner dennoch durch, nunmehr als Namenstagsfeier zu Ehren der Kaiserin. Zum Auftakt marschieren Musikkapellen, Schützenkompanien und Tausende Schaulustige zum Schloss Trauttmansdorff. Die Wachen sind machtlos gegenüber »dem Drange, die geliebte Landesmutter in nächster Nähe persönlich zu sehen. Das allgemeine Publikum konnte bei deren Erscheinen nicht länger widerstehen und brach dann massenhaft aber ehrerbietigst und in Ordnung die gezogenen Schranken.«[54] Elisabeth reagiert überraschend cool auf ihre ungezogenen Untertanen. Als die offizielle Gratulation vorüber ist und der Festzug zum

Der Kaiser, wie man in gern zeigte: als schneidigen Offizier.

Schießstand ins Stadtzentrum zieht, vergisst sie plötzlich ihre Scheu vor großen Aufläufen, fährt mit ihrer Schwester Sophie in einer Kutsche hinterher und mischt sich zum allgemeinen Erstaunen am Schießstand unter die Menge. Ihr nicht geplanter Auftritt löst »ein tausendstimmiges Hurra« aus, die Presse überschlägt sich in Schilderungen über diese Sensation: »Tief hat sich das liebe, sanfte, herzgewinnende Bild unserer innigstgeliebten Landesmutter in unsere Seele gesenkt [...] und der schönste, freudigste Ruhepunkt in unserer Erinnerung wird lebenslang dies Fest uns bleiben.«[55]

Diese Begeisterung wollen nicht alle teilen. Josef Sellemond, der Pfarrer von Schenna, ist einer der militantesten Gegner der vom Kaiser gebilligten Schulreform (siehe Seite 33). Seit der Gottesmann einen »heidnischen« Schulinspektor mit einem Knüppel attackierte und dafür verurteilt wurde, weigert er sich beharrlich, bei den Messen den Kaiser ins Gebet einzuschließen. Im Widum hat er zudem ein Kaiserbild umgedreht, sodass der gemalte Franz Joseph nichts als eine Mauer vor der Nase hat. Als nun die Schützen von Schenna zwölf Bauernknaben zur Namenstagsfeier der Kaiserin nach Trauttmansdorff schicken wollen, verbietet der Pfarrer den Buben die Teilnahme an diesem »Narrenzug«,[56] was in der Presse eine lang anhaltende Polemik auslöst. Sie endet damit, dass der Kaiser nach seiner ersten Meran-Reise einen Großteil der Tiroler Rebellen begnadigt, nicht aber den Pfarrer von Schenna. Dieser nimmt am Weihnachtstag den Kaiser zwar wieder in die Gebete auf, das Kaiserbild aber bleibt mit dem Gesicht zur Wand.

Zu seiner ersten Meran-Reise bricht Franz Joseph kurz vor Weihnachten 1870 auf. Mit seinem Sohn Rudolf, dessen Erzieher Graf Latour und Hofarzt Widerhofer kommt er am 20. Dezember in Bozen an und fährt im offenen Zweispänner in Trauttmansdorff vor, begleitet vom »Krachen der Böller von Berg und Thal, vom Festgeläute der Glocken und der Flammenlinie längs des Auffahrtsweges.«[57] Die Zeitungen beschreiben auch die »herzlichsten Umarmungen« des Kaiserpaares im Schlosshof. Wegen der häufigen Trennungen sind die Wiedersehensszenen von öffentlichem Interesse. Für Franz Joseph ist es der erste Besuch in Tirol seit 1863 und die Presse befürchtet, »daß die klerikalen Agitatoren die Anwesenheit des Kaisers in Meran benutzen wollen, um durch Demonstrationen, Massenpetitionen und andere Mittel auf den Monarchen einzustürmen.«[58] Nichts

Elisabeth und Franz Joseph am Meraner Schießstand, Ostern 1871

dergleichen geschieht. Ohne Begleitung reitet der Herrscher über Österreich-Ungarn bereits am ersten Morgen in die Stadt, promeniert dort mit seiner Tochter Gisela und steigt »rüstigen Schrittes« zur Zenoburg. Rudolf dagegen hat sich verkühlt, muss einen Tag das Bett im Schloss Rametz hüten und unternimmt erst ab Silvester mit Gisela ausgedehnte Spaziergänge durchs mittlerweile tief verschneite Meran. Die Spaziergänge sind ein kleiner Trost dafür, dass alle drei Kaiserkinder in Meran in getrennten Häusern untergebracht sind.

Obwohl der Hof betont, Franz Joseph sei »in strengstem Inkognito« in Meran, also rein privat – »möge Er ausruhen von den schweren Regierungssorgen«, wünschen sich die Hofberichterstatter –, besucht er öffentliche Einrichtungen wie das Krankenhaus und das Gymnasium, lässt sich die Pläne für eine Bahnlinie von Bozen nach Meran unterbreiten und gibt auf Trauttmansdorff in Marschallsuniform endlose Audienzen. Eine davon hat ein skurriles gerichtliches Nachspiel. Die Stadtregierung will sich perfekt auf ihre Audienz beim Kaiser vorbereiten und legt auf einer eigenen Sitzung fest, mit welchen Worten der Bürgermeister jedes einzelne Mitglied dem Kaiser präsentiert. Da sich für einen der konservativen Opposition angehörenden Wirt keine besondere Funktion finden lässt, außer dass er für die Schweinezucht eintritt, schlägt der Bürgermeister im Scherz vor, er werde ihn dem Kaiser als »Protektor der Faken« vorstellen. Der Wirt ist darüber beleidigt und erstattet Anzeige wegen öffentlicher Verspottung. Der »Meraner Schweineprozess« zieht sich durch alle Instanzen und endet mit einem Freispruch für den Bürgermeister. Von alledem bekommt der Kaiser nichts mit. Am 3. Jänner reist er wieder ab. Auch Kronprinz Rudolf muss wieder zur Ausbildung nach Wien. Dabei sieht er »noch etwas schwächlich aus, wohl in Folge der angestrengten Studien, denen er zu seiner geistigen Ausbildung obliegen muß.«[59] Seine Schwester Gisela bleibt in Meran, wo der Hof für sie einen Hausunterricht organisiert hat. Wie immer fällt den beiden Geschwistern die Trennung schwer, da sie sehr aneinander hängen. Gisela schreibt ihrem Bruder regelmäßig aus Meran, einmal schickt sie ihm sogar zwei lebende Vögel: »Heute reisten der Falke und das Steinhuhn von hier ab und ich hoffe, daß sie Montag wohlbehalten in Wien ankommen. Das Steinhuhn kaufte ich einem Manne ab, der es herbrachte. Den Falken fing Körber bei seinem Fenster, gegen welches er geflogen war, um einen Vogel zu fangen. Ich hoffe es freuen Dich beide Vögel und Du kannst sie am Leben erhalten.«[60]

Franz Joseph an Rudolf

OFEN, 13. JÄNNER 1871

Wie mir die liebe Mama schreibt, ist es auch in Meran nach dem Scirocco vom 7., wieder kalt geworden, was aber nicht hinderte, daß Valérie jeden Tag auf der Wasser Mauer spazieren ging. Die Mama läßt Dir auch vielmals für Deinen Brief danken. Sie hatte einige Tage Schnupfen und mußte deßhalb zu Haus bleiben, war aber, als sie mir den letzten Brief schrieb, wieder recht wohl und auch schon wieder spazieren gewesen.[61]

Bereits am 11. Februar ist der Kaiser wieder in Meran, begleitet nur von einigen Dienern, zwei Beamten und einem Flügeladjutanten. Die Herren reisen mit einem normalen Postzug. Auf der Brennerstrecke spielt Franz Joseph den harten Mann und steht trotz der Kälte in einem halb offenen Inspektionswagen. Ab Bozen hetzt er geradezu nach Trauttmansdorff. Seinen Zweispänner treibt er in weniger als zwei Stunden vom Bahnhof zum Schloss, obwohl die Straße vom vielen Schnee aufgeweicht ist. Das Empfangskomitee im Schlosshof verschickt er nach nur drei Minuten und »eilte zu der durchlauchtigsten Gemahlin«.[62] Die Presse schweigt diskret über alles weitere, schränkt aber ein, der Kaiser habe »Schnupfen und Kopfweh« von der zugigen Fahrt. Franz Joseph bleibt immerhin eine ganze Woche und geht mit Tochter Gisela täglich spazieren, »meistens auf der Wassermauer, da alle anderen Wege unpracticabel sind.«[63] Über gemeinsame Ausflüge mit seiner Frau kann die Presse noch nicht berichten.

Als er am 1. April zum dritten Mal nach Meran fährt – die Kaiserin war inzwischen für einige Tage in Wien – sehen die Berichterstatter, wie der Kaiser, kaum erblickt er im Schlosshof seine Elisabeth, »in Allerhöchstihre Arme flog und das Wiedersehen war ein so zärtliches und herzliches, daß die Umstehenden sich tief gerührt fühlten.«[64] Auch Rudolf durfte mit nach Meran fahren, nachdem er zwei Tage vorher in Wien »seine Prüfung mit Auszeichnung bestanden und namentlich zwei Aufgaben, deren Thema Seine Majestät persönlich gestellt, glänzend gelöst haben soll.«[65]

Erinnerungsmedaille des Kaiserpaares

Die Anfahrt des Kaisers will das konservative Lager erneut für eine Demonstration gegen den »lutherischen, freimaurerischen Frevel« der Schulreform nutzen. Es lässt dafür besonders viele Bauernschützen auftreten, obwohl jede Empfangsfeier untersagt ist. Der Kaiser wundert sich über die starke Präsenz, doch niemand versteht sie als politisches Zeichen. Alles lacht vielmehr über einen witzigen Zwischenfall: Dem Kaiser voraus fährt sein Oberstküchenmeister, »dessen vergoldete prächtige Uniform den Bauernschützen so sehr imponirte, dass sie trotz seiner Abwehr es sich nicht nehmen ließen, ihn als Kaiser mit lauten Lebehochrufen feierlich zu bejubeln«, spöttelt die liberale Bozner Zeitung.

Über Ostern bekommen die Meraner auch das zu sehen, was sie bisher vermissten: Franz Joseph und Elisabeth gemeinsam in der Öffentlichkeit. Zunächst reiten die beiden mit Rudolf und Gisela zum Schloss Tirol. In der Karwoche wohnen sie dann beinahe täglich in der Meraner Pfarrkirche »den ganzen, langdauernden kirchlichen Funktionen Vor- und Nachmittags mit einer beispiellosen, wirklich ergreifenden Andacht« bei. Vom Schloss Trauttmansdorff zur Kirche und wieder zurück fährt die kaiserliche Familie meistens im offenen Hofwagen, wobei besonders der Kronprinz auffällt, weil er »in Civil die Begrüßungen des Publikums durch fortwährende Abnahme des Cylinders erwiderte.«[66] Höhepunkt des österlichen Kaiserbesuches ist jedoch am Ostermontag ein erneutes Schützenfest – »prachtvoll, großartig und echt national«, wie die Presse berichtet. Bereits um 6 Uhr früh »weckte das nimmer endenwollende Krachen der Pöller« die ganze Gegend um Meran, die dem Kaiser zu Ehren nun ihre gesamte Folklore aufbietet: Musikkapellen, Schützenkompanien, Kinder mit Blumensträußen, »schmucke, feste Burschen in ihrem höchst originellen, pittoresken, scharlachrothen Nationalkonstüme mit dem breitkrämpigen Filzhute.«[67] Bei diesem Schützenfest werden dem Kaiser zwei Buben aus dem Passeiertal vorgestellt, Urenkel von Andreas Hofer. Franz Joseph ist darüber so gerührt, dass er ihnen wenig später aus Wien zwei goldene Uhren schicken lässt.[68] Einen geplanten Ausflug zum Geburtshaus Andreas Hofers muss der Kaiser streichen, weil ihn ein Fußleiden plagt.

Kronprinz Rudolf, »ein vortrefflicher eleganter Reiter«, nutzt während der Osterferien in Meran eine seltene Freiheit, macht täglich Ausflüge »und hat bereits sämmtliche hübschen Partien der Umgebung besucht. [...] Wären die Berghöhen nicht noch verschneit, würden wahrscheinlich einige derselben von ihm erstiegen werden.«, schreiben die Zeitungen. Zu diesem Bild eines geschickten Kletterers will eine Episode nicht recht passen, von der man sich in Meran erst sehr viel später erzählte. Ostern 1871 soll sich Rudolf im steilen Gelände der Naif nordöstlich von Schloss Trauttmansdorff verstiegen haben. Wenige Meter über dem Talboden sei er »in lebensgefährlicher Lage in schwindelerregender Wand«[69] weder vor noch zurück gekommen. Erst die Bäuerin Carolina Winkler vom nahen Kiendl-Hof habe ihn kurzerhand unter ihren Arm genommen und auf

Kronprinz Rudolf im Alter von ungefähr 14 Jahren

sicheren Boden gebracht. Die Zeitungen, die Ostern 1871 beinahe jeden der Ausflüge Rudolfs aufzählen, berichten nichts von der angeblichen Rettung aus Bergnot. Auch eine marmorne Tafel, die nach Rudolfs Tod an dieser Stelle in der Naif montiert wurde, erwähnt den Vorfall nicht. Erst in späteren Büchern über Meran taucht die legendäre Bergung auf. Und gar erst 1909, also fast 40 Jahre nach dem angeblichen Vorfall, zeigt sich die Hofverwaltung mit einer mit Brillianten besetzten goldenen Halskette für die Bäuerin erkenntlich. Sie wird ihr im Frühjahr 1910 überreicht, zusammen mit dem Dank der Hofverwaltung, dass sie dem Kronprinzen »bei einem Ausfluge den Rückweg zeigte.«[70]

Am Osterdienstag fährt Rudolf nach Wien ab, begleitet von seiner Schwester Gisela, für die ein sechsmonatiger Aufenthalt in Meran zu Ende geht. Franz Joseph reist zwei Tage später ab, aber schon am 31. Mai ist er zum vierten Mal in Meran. Wie die MERANER ZEITUNG vermutet, soll diese Reise »mit der Wiederkehr der Kaiserin im nächsten Winter zusammenhängen, ja sogar den Ankauf des Schlosses Trauttmansdorff zum Zwecke haben.«[71] Elisabeth spielt tatsächlich mit dem Gedanken, Trauttmansdorff zu erwerben. Wie so oft auf ihren vielen Reisen verliebt sie sich in das Haus, in dem sie gerade wohnt. Aber schon nach wenigen Wochen ist der Gedanke verflogen und mit ihm die Hoffnung der Meraner auf eine Kaiserin als prominente Mitbürgerin.

Elisabeth an Franz Joseph

MERAN, 9. MAI 1871

Gestern besuchte mich der Pfarrer von Hafling. Ein Bauer von dort sagte mir neulich, ich solle mir bis aufs Jahr dort oben einen Sommeraufenthalt richten lassen. Hast Du Lust?[72]

ANGST VOR DER BLAMAGE

Über die Gerüchte, dass der Hof Meran verlässt

SEIT DIE KAISERIN IN der Stadt ist, leben die Meraner in ständiger Sorge, sie könnte ihnen verloren gehen. Vertrieben von den offensichtlichen Mängeln im Kurort oder, schlimmer noch, abgeworben von missgünstiger Konkurrenz. Elisabeth scheint mit der Wahl ihres Winterquartiers zufrieden zu sein. »Ich muß gestehen, je länger ich hier bin, desto besser gefällt es mir.«, sagt sie dem Bürgermeister, als sie ihn drei Wochen nach ihrer Ankunft zur kaiserlichen Tafel lädt.[73] »Gewiß das bündigste Dementi auf die vielerlei gegentheiligen Gerüchte.«, meint trotzig die MERANER ZEITUNG. Bei Elisabeths »Vorliebe für stille, ländliche Zurückgezogenheit wäre, der Welt so ferne und doch so nahe, im südlichen Tirol kaum ein geeigneteres Plätzchen zu finden als gerade das Schloß Trauttmansdorff.«[74] Aber die Gerüchte, dass Elisabeth früher als geplant abreisen wolle, halten sich hartnäckig.

Bereits sechs Wochen nach ihrer Ankunft berichten Wiener Gazetten, dass die Kaiserin samt Gefolge »nach dem Gardasee, wahrscheinlich nach Salò zu übersiedeln gedenke.«[75] Kaum hat sich diese Ente tot gelaufen, flattert schon die nächste durch den Blätterwald. In Obermais seien auf einem Bauernhof die Blattern ausgebrochen und der kaiserliche Hof übersiedle deshalb an den Gardasee. Dieses vom neidischen Bozen gestreute Gerücht hat immerhin einen wahren Kern. Anfang November sucht ein Arzt aus dem Tross der Kaiserin in Arco nach einem Ausweichquartier, »für den eventuellen Fall, dass in der Umgebung des Hoflagers je eine Kinderkrankheit epidemischen Charakters auftreten und eine zeitweilige Übersiedlung nothwendig machen sollte.«[76] Doch Blattern gibt es keine und auch kein anderes Ungemach für das Kaiserkind. Im Gegenteil: »Valerie sieht Gott sei

Kleiner Park in Meran/Obermais, 1871 in Elisabeth-Anlage umbenannt

Dank gut aus, hier ist sie so viel auf der frischen Luft wie nur möglich.«,[77] schreibt Elisabeth Ende November nach Wien. Derweil berichten die der Kurstadt gewogenen Zeitungen regelmäßig, die Kleine mache »in der reinen milden Luft« über alle Erwartungen große Fortschritte und wirke mit jedem Tag gesünder. Sie sei bei fast jedem Wetter draußen, spaziere in Begleitung ihrer Hofdame, des Hofarztes und eines Hofdieners über die Promenade, wo sie »den Gruß der Begegnenden manchmal durch ein liebenswürdiges Nicken des niedlichen Köpfchens erwidert.«[78] Auch Gisela erblühe. Sie promeniere häufig, unternehme Ausflüge in die Umgebung, sehe bereits viel gesünder und kräftiger aus und »ließ schon einige Male einen ehrwürdigen armen Greis von Obermais in Ihr Schloß kommen, um ihn zu porträtieren. Der schlichte Bauersmann ist über diese Ehre ganz entzückt und erzählt es mit verklärtem Gesichte.«[79] Solche Nachrichten adeln Meran zu einem interessanten Kurort. Und tatsächlich steigen die Ankünfte der Gäste im ersten Kaiserjahr glatt um ein Drittel.

Die Angst vor einer vorzeitigen Abreise und damit einer Katastrophe für den Ruf Merans will dennoch nicht vergehen. Als Elisabeth sich beim

Heimweg von einem Ausflug zum Schloss Tirol einen Fuß verstaucht (»Ich musste noch ein paar Tage liegen, was recht langweilig war.«[80]), klagen die Meraner Korrespondenten im Voraus, die Nachricht werde sicher von der südlichen Konkurrenz wieder »mit Hast aufgegriffen, um daraus Kapital zu machen und unbändigen Lärm zu schlagen, wie die Kaiserin hier nicht einmal einen Ausflug ohne Lebensgefahr machen könnte.«[81] Der verstauchte Fuß bleibt aber ohne Folgen, genauso wie die Frostbeulen, die sich Elisabeth im ungewöhnlich kalten Januar holt.

Franz Joseph an Rudolf

OFEN, 28. JÄNNER 1871

Der Schnee, der nun in Meran schon 1 Monat liegt, scheint sehr tief zu sein. Auch die Mama schreibt mir von dem beständigen Schneien und der großen Kälte.[82]

Nach starken Schneefällen sind wohl 40 Arbeiter damit beschäftigt, die Wege um Trauttmansdorff freizuschaufeln. Als aber in den ersten Februartagen Tauwetter einsetzt, versinkt die Gegend im Schlamm. »Die Wege sind bereits derart bodenlos, daß es gegenwärtig selbst für eine einzelne Person bei den etwas schweren Hof-Carossen eines Vierspannes bedarf, so oft der Hofstaat nach dem Schlosse der Kaiserin sich begeben will.«, berichtet die Presse. Die in verschiedenen Gazetten verbreitete Vermutung, nach diesem ungewöhnlich strengen Winter »schwebe die fernere Existenz des Kurortes in höchster Gefahr«,[83] ist mit Frühlingsbeginn vergessen. Dafür berichtet Anfang März die monarchiekritische NEUE FREIE PRESSE in Wien, Marie Valerie sei plötzlich erkrankt. Ist die Heilkraft des Meraner Klimas also doch nicht so wundertätig? Doch die hiesigen Zeitungen können sogleich Entwarnung geben. Das Kind habe nur einen leichten Schnupfen. Deshalb könne die Kaiserin ihre seit längerem geplante Reise nach Wien sogar um zwei Tage vorverlegen. Unter anderen Umständen hätte die vorgezogene Abreise Bestürzung ausgelöst, nun ist sie eine willkommene Notiz.

Den Abstecher in die Hauptstadt hat die Kaiserin den ganzen Winter vor sich hergeschoben. Immer wieder wird er angekündigt, stets verbunden mit der Frage, ob Elisabeth nach Meran zurückkehrt. Am 6. März fährt sie nun tatsächlich, bleibt eine Woche in Wien und eine im ungarischen Ofen, aber schon am 26. März ist sie wieder zurück. Dabei ging bereits das Gerücht um, die Kaiserin komme nicht wieder und auf Trauttmansdorff sei man schon mit dem Einpacken beschäftigt. Stattdessen wird noch Anfang Mai hinter dem Schloss ein neuer Spazierweg durch den Buschwald geschlagen, »auf Anordnung Ihrer Majestät [...] was wohl noch auf einen längeren Aufenthalt schließen läßt.«[84]

Auf den meisten bekannten Fotos hat Elisabeth einen distanzierten Gesichtsausdruck.

Elisabeth verlässt Meran samt ihrem Hofstaat am 5. Juni, bevor die erste Sommerhitze kommt. Die aus Wien herbeigeschafften Möbel werden auf Schloss Rametz in einem Depot verstaut – für die Meraner die endgültige Bestätigung, dass ihnen ihr prominenter Gast erhalten bleibt. Zum Abschied erlaubt die Kaiserin dem Kurvorstand, die Wassermauer in Gisela-Promenade (heute Kurpromenade), die untere Sommeranlage in Valerie-Garten (heute Elisabeth-Park) und einen kleinen Park in Obermais in Elisabeth-Garten (heute Rosegger-Park) umzubenennen. Den zu ihrer Abreise angetretenen Honorationen sagt sie: »Ich gehe sehr ungerne von hier fort; aber ich komme sicher wieder, wenn es die Majestät erlaubt.«[85] Über das Mienenspiel des neben ihr stehenden Kaisers schweigen die Zeitungen diskret.

DER ZWEITE WINTER IN MERAN

Elisabeths erzwungener Einzug im Haus des Schwagers

Vier Monate später, am 16. Oktober 1871, ist Elisabeth wieder in Meran. Den größten Teil des Sommers hat sie in der Kaiservilla in Bad Ischl und am Starnberger See verbracht, für Wien gingen sich wieder nur einige Tage aus. Diesmal zieht sie nicht auf Trauttmansdorff ein, sondern im Schloss Rottenstein ihres Schwagers Carl Ludwig. In diesem Ansitz unweit des Brunnenplatzes weilte 1858 der preußische König Friedrich Wilhelm IV. für einige Wochen auf Kur. Dann kaufte Carl Ludwig, ein Bruder von Franz Joseph, das aus dem 15. Jahrhundert stammende Haus. Kurz vor dem Einzug der Kaiserin ließ er einen neuen Trakt anbauen. Im Jahr davor hatte diese Vergrößerung noch gefehlt – vermutlich mit ein Grund, dass Elisabeth damals das Schloss Trauttmansdorff vorgezogen hat. Rottenstein behagt ihr auch jetzt nicht. Am Tag der Ankunft schreibt sie an Franz Joseph: »Unser Haus gefällt mir nicht besonders, es ist wie ein grosses Hotel, schrecklich hoch, bis in den 2. Stock [...].«[86]

Elisabeth ist mit einem stark verkleinerten Hofstaat von nur noch rund 60 Personen angereist. Von ihrem engsten Familienkreis sind lediglich ihre Schwester Sophie sowie die kleine Marie Valerie dabei, während die ältere Tochter Gisela in Wien geblieben ist. Sophie, seit drei Jahren Herzogin von Alençon (siehe auch Seite 69), ist zum zweiten Mal schwanger und bewohnt mit ihrer Familie und dem Gefolge die Villa Atzwang unweit von Rottenstein. Dazwischen liegen »neu angelegte, recht anmutige Spazierwege«, auf denen die beiden Schwestern sich in den folgenden Wochen beinahe täglich besuchen. Bereits an ihrem ersten Tag in Meran sieht man die Kaiserin nach Schloss Trauttmansdorff spazieren, wo sie »mit sichtlichem Vergnügen eine geraume Zeit alle die bekannten, traulichen

Pfade durch Park und Flure wandelte.« Moritz von Leon, der Besitzer des Schlosses, hat, »wahrscheinlich ahnend, dass die Kaiserin den durch viele Monate liebgewonnenen Park bei ihrer a. h. Wiederkehr betreten werde, Sorge getragen, dass Ihre Majestät die Wege alle […] rein gepflegt und mit frischem Kies bestreut wiederfand.«[87]

Elisabeth an Franz Joseph

MERAN, 6. NOVEMBER 1871

Nachmittags reite ich übrigens fast jeden Tag, Marling […] Lana sind meine Lieblingswege und längs der Etsch ein sandiger, freilich kurzer Weg, wo man sehr gut galoppieren kann.[88]

Elisabeth legt bei diesem zweiten Meraner Aufenthalt noch mehr Wert auf »vollste Zurückgezogenheit«. Mit einem offiziellen Erlass hat sie sich für ihre Anreise jegliche Feierlichkeit verbeten, was die Meraner aber auch diesmal nicht so genau nehmen. Als der kaiserliche Tross in die Stadt einfährt, krachen die üblichen Böller, Schützenkompanien und Musikkapellen nehmen unter Fahnen und Triumphbögen Aufstellung, ein Meraner Heimatdichter hat einen Reim verfasst (»Glück auf, Meran! Dir leuchtet hell ein guter Stern […]«[89]).

Wie sehr dieses Tamtam Elisabeth inzwischen nervt, macht sie bei ihrem Namenstag am 19. November deutlich. Ein Fest lässt sie erst gar nicht zu, die dennoch erscheinenden Gratulanten müssen mit dem Obersthofmeister Vorlieb nehmen. Elisabeth selbst verweigert sich. Dieses Mal ist auch der Kaiser nicht zum Namenstag angereist, obwohl die Lokalzeitungen in den Wochen davor seine Ankunft geradezu herbeischreiben.

So fällt dieses zweite Kaiserinnenjahr für die Meraner weit distanzierter aus, auch weil die Anwesenheit des Hofes fast schon Normalität ist.

Für ihre 15-jährige Tochter Gisela fädelt Elisabeth von Meran aus die Verlobung ein.

Elisabeth nimmt wieder fast keine Verpflichtungen wahr und macht fast nur noch durch ihren Bewegungsdrang von sich reden. Etwa als sie sich mit einem Wagen zur Töll fahren lässt, um von dort zu Fuß und mit Umweg über Schloss Tirol nach Obermais zurückzukehren. Ein andermal reitet sie über Schloss Lebenberg bei Marling nach Lana und Burgstall oder über Riffian nach Saltaus und den steilen Aufstieg nach Verdins.

In diesem Winter müssen die Meraner sich auch schnell damit abfinden, dass die Kaiserin nicht ständig bei ihnen bleibt. Das zweite Jahr ist geprägt von einem Kommen und Gehen. Bereits Anfang November melden die Zeitungen, Elisabeth müsse Anfang Dezember zurück nach Wien und könne erst nach zwei Monaten wiederkommen.

Am 5. Dezember reist sie tatsächlich ab – ohne Marie Valerie, die mit einem Teil des Hofstaates in Meran zurückbleibt. Elisabeth trifft sich zunächst mit ihren Kindern Gisela und Rudolf in Salzburg, weil in Wien und Budapest Scharlach ausgebrochen ist. Als die Epidemie anhält, fährt Elisabeth über die Weihnachtstage allein nach Wien, sodass die Familie das Fest getrennt verbringt.

Elisabeth an Franz Joseph

MERAN, 28. OKTOBER 1871

Gestern war es sehr schön, so bin ich um 12, nachdem ich Valerie zu Bett gelegt hatte, fortgeritten über Schenna nach Verdins […] Da gar niemand dort war, stieg ich ab, liess die Pferde aufgurten und setzte mich auf eine Bank in die Sonne, wo ich mit Shadow [Elisabeths großer Hund] alles Fleisch und Brot verzehrte, das ich an meinem Sattel aufgeschnallt hatte. Später kam die Wirtin, die erfahren hatte wer ich bin und brachte mir Eierspeis und sehr guten Wein. Während ich ass, erzählte sie mir ausführlich, dass ihr kleines Mädel, das auch dabei war, einen Nabelbruch hat und wie sie den mit Pflaster verpapt, das war nichts lustiges […] Ihren Bruder schickt sie Dir zur Audienz einmal her, denn er hat viel Schulden.[90]

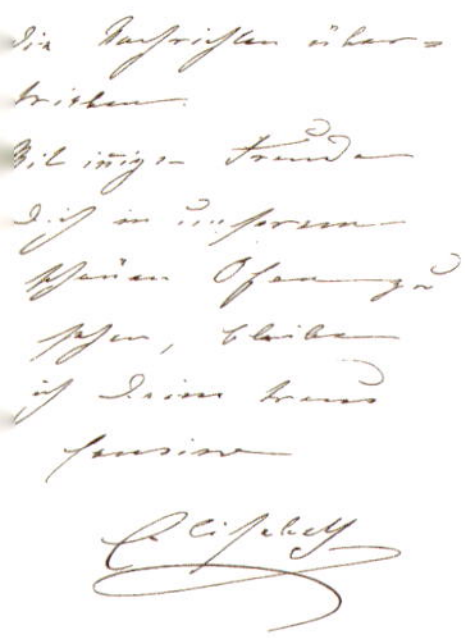

Der Brief, mit dem Elisabeth für Gisela die Verlobung arrangiert.

Am 30. Dezember, weit früher als geplant, macht Elisabeth sich auf die Rückfahrt zu Marie Valerie nach Meran, um nach Dreikönig erneut aufzubrechen. Sie hat sich von Franz Joseph überreden lassen, nach Jahren der Abwesenheit, am 10. Jänner endlich wieder beim Wiener Hofball dabei zu sein. Acht Tage später bringt Elisabeths Schwester Sophie in der Villa Atzwang ihren Sohn Philippe Emanuel zur Welt, weshalb die Kaiserin Ende Jänner zurück nach Meran eilt, um dort als Taufpatin zu fungieren. Zu diesem Ereignis kommt, zum ersten Mal in diesem Winter, auch der Kaiser nach Meran und bleibt immerhin eine ganze Woche.

Am 25. März 1872 verlässt Elisabeth nun schon zum dritten Mal im Lauf des Winters Meran. Die von ihr heimlich eingefädelte Verlobung ihrer Tochter Gisela in Budapest (siehe Seite 61) kann sie sich nicht entgehen lassen. Diese Reise wird zu einer Premiere. Seit wenigen Tagen ist die Pustertalbahn von Franzensfeste nach Villach fertiggestellt. Sie verknüpft die von Wien nach Triest führende Südbahn mit der Brennerbahn, womit das südliche Tirol erstmals ohne den Umweg über Bayern zu erreichen ist.

Noch ist die neue Strecke nicht in Betrieb. Aber Elisabeth tut der Südbahngesellschaft den Gefallen und fährt nach einer speziellen Sicherheitsprüfung mit ihrem Separatzug durch das Pustertal nach Budapest – in nur 24 Stunden, wie die fortschrittsgläubige Presse unterstreicht. Wieder bleibt Marie Valerie allein zurück, diesmal allerdings mit einem leichten Katarrh, weshalb Hofarzt Widerhofer in Wien alles stehen- und liegen lassen muss, um nach Meran zu eilen. Nach wenigen Tagen ist die Kleine wieder wohlauf, was die Meran gewogenen Zeitungen umgehend berichten, »weil sich gewisse Blätter so gern darin gefallen, auch an sich äußerst harmlosen Vorfällen durch Übertreibung und Verdrehung Kapital zu schlagen.«[91] Erst am 22. April, zum vierten Geburtstag von Marie Valerie, ist Elisabeth wieder zurück. Als sie in Bozen vom Zug in die Kutsche umsteigt, erlaubt sich die BOZNER ZEITUNG die noch seltene Beschreibung der Mode der Monarchin. »Ihre Majestät trug eine sehr einfache Reisetoilette, schwarzes Seidenkleid nebst grauer Frühjahrsjacke mit schottischem Besatze und ein ungarisches Hütchen mit blauem Schleier.«

Franz Joseph an Rudolf

WIEN, 23. DEZEMBER 1871

Leider kann ich noch gar nichts über Euere Rückkehr sagen, da die langweiligen Krankheiten immer ziemlich im gleichen Maße fortbestehen. Ich werde sehen, was Widerhofer sagt, der nächster Tage von Meran zurückkommen soll, wo es, Gott lob, Valérie besser geht.[92]

Anfang Mai wird die Kaiserin noch gesehen, wie sie mit Marie Valerie kurze Ausflüge unternimmt. Die beiden sitzen in einem von einem Esel gezogenen Wagen, den ein Bauernbursche in Burggräfler Tracht führt. Am 14. Mai, deutlich früher als geplant, reisen der gesamte Hof und auch

Schloss Rottenstein in Meran/Obermais, hier wohnt Elisabeth in ihrem zweiten Winter in Meran.

Elisabeths Schwester Sophie ab, weil in Wien die Mutter von Franz Joseph im Sterben liegt. Unter der Dominanz dieser »bösen Frau« hat Elisabeth von Anfang an gelitten. In Meran geht das Gerücht um, die Möbel der Kaiserin würden erneut in Obermais eingelagert, was auf eine baldige Rückkehr schließen ließe. Tatsächlich werden sie kurz darauf nach Innsbruck transportiert und Elisabeth kommt erst nach 17 Jahren wieder.

Elisabeth an Franz Joseph

MERAN, 24. APRIL 1872

Valerie fand ich bei der Ankunft [...] schrecklich herabgekommen, abgehärmt [...] Gestern hat sie zum erstenmal wieder ihre italienischen Lieder gesungen und heute ihre schönste Schürze verlangt wie früher um mit mir zu essen. Sie wird wieder lustiger, lässt mich aber nicht aus den Augen, aus Angst ich könnte fort. Ich habe ihr recht versprechen müssen, nie ohne ihr zu reisen.[93]

Elisabeth, die Kupplerin

■ **OBWOHL ELISABETH SELBST ERST** 15 war, als über ihren Kopf hinweg die Verlobung mit Franz Joseph entschieden wurde, beschützt sie ihre Tochter Gisela nicht vor demselben Schicksal. Im Gegenteil: Von Meran aus zieht sie die Fäden, um ihre Tochter möglichst früh unter die Haube zu bekommen. Als im Herbst 1871 die Kaiserin mit Marie Valerie zum zweiten Mal nach Meran fährt, bleibt Gisela in Wien zurück. Sie ist mittlerweile fünfzehneinhalb »und keine Tochter, mit der sich viel Staat machen ließ.«[94] Von Meran aus lädt Elisabeth in einem lange geheim gehaltenen Briefverkehr den 26-jährigen Leopold von Bayern nach Budapest ein – offiziell zur Schnepfenjagd, in Wirklichkeit aber, damit er Gisela näher kennenlernt. Seine Cousine zweiten Grades hat er erst ein einziges Mal gesehen, als Fünfjährige. Leopold zögert, da er sich mit der 23-jährigen Amalie von Coburg verloben sollte. Schließlich gibt er nach. Als Kaiserin Elisabeth Ende März von Meran nach Ungarn reist, ahnt nicht einmal Franz Joseph den Hintergrund. Am 4. April 1872 macht Leopold in Budapest seinen Antrittsbesuch, drei Tage später wird zur allgemeinen Überraschung die Verlobung zwischen Leopold und Gisela bekannt gegeben. Gisela lehnt sich nicht gegen das Arrangement ihrer Mutter auf. Bereits ein Jahr später findet die Hochzeit statt. Gisela bekommt vier Kinder und wird, anders als ihre Mutter, »eine brave, ruhige, etwas füllige Ehefrau.«[95] Erst nach Jahren wird allmählich klar, warum Elisabeth so viel Wert auf eine Hochzeit von Gisela mit Leopold legte. Amalie von Coburg war nämlich der heimliche Schwarm von Elisabeths jüngstem Bruder Max Emanuel, dem sie so den Weg frei machte. Max Emanuel und Amalie heiraten 1875.

Einer von Elisabeths Sonnenschirmen, hinter dem sie sich auch vor neugierigen Blicken verbirgt.

MERAN TRÄUMT VOM GROSSEN RUHM

Doch im Börsenkrach zerplatzen hochfliegende Pläne

Zwei Winter mit der Kaiserin vor Ort haben gereicht, Meran zu verwandeln. Aus dem Aschenbrödel ist eine hochnäsige Diva geworden. Die Stadt vergleicht sich nun plötzlich mit berühmten Kurstädten und gibt sich vornehm Französisch. »Chambres à louer« heißt es nun in Inseraten und die Meraner Zeitung behauptet: »Wegen der erfolgreichen Heilung [von Marie Valerie] steht Meran südlichen Kurorten wie Nizza nur wenig nach.« Über diesen Wandel schreibt der bayerische Reiseschriftsteller und Tirol-Fan Ludwig Steub in der deutschen Presse eine böse Kritik, die wiederum die Bozner Zeitung schadenfroh aufgreift. »Treffend wird das hochmüthige Auftreten gar mancher dortigen Cur-Größen, denen durch die zweimalige Anwesenheit der Kaiserin in Obermais der Kamm bedeutend geschwollen ist, mit dem Benehmen eines Parvenues verglichen, der durch des Glückes Gunst gehoben sich etwas übernimmt, und geringschätzig auf Andere herabblickt.«[96]

Mit dem Kaiserinbonus erhöhen Gastwirte und Wohnungsvermieter die Preise derart kräftig, »daß Meran gerade dieser Theuerung wegen im Auslande allüberall verschrien, ja verrufen ist«,[97] stellt die Presse zu Beginn der Herbstsaison 1872 fest. Bei den Kosten für Logis, Pferdemieten oder Führerdienste schließt Meran rasch zu Bad Ischl, Karlsbad oder eben Nizza auf. Das Angebot für die Kurgäste aber bleibt zunächst äußerst bescheiden. In den Lokalzeitungen findet sich wegen der »erbärmlichen Zustände im Weltkurorte« Kritik und Spott. Der Klerus, der dem Fremdenverkehr weiterhin kritisch gegenübersteht, bekommt als einer der Ersten sein Fett ab. Zum Schrecken der Kurgäste erschalle bereits in aller Herrgottsfrühe ein »endloses Glockengeläute«, das sich im Lauf des Tages zu jeder der

Meran um 1890, im Vordergrund die Ufermauer der Passer mit Winterpromenade

Der ab 1892 gebaute Tappeinerweg wurde mit seinen sanften Steigungen für Bewegungskuren angelegt.

vielen Messzeremonien wiederhole. Jedes Mal läute es »eine halbe Stunde [...] an Feiertagen will es dann oft gar kein Ende nehmen.«[98] Dafür gibt es an den Promenaden »nicht ein einziges Pissoir, geschweige eine Retirade«, auch fehlt es an einer öffentlichen Badeanstalt, seit neben der Passer zwei »höchst primitive Badezimmerchen im Gebäude einer Lodenwalke« geschlossen wurden. Ein Kurort ersten Ranges sollte seinen zahlenden Gästen mehr bieten als »zur körperlichen Reinlichkeit [...] in der freien Natur und unter freiem Himmel irgend eine wohlthätige Fluth aufzusuchen.«[99] Das fehlende Kanalnetz führt ebenfalls zu häufigen Klagen. Selbst in den Stadthäusern enden die Toilettenrohre in Sickergruben, die dann entleert werden müssen. Die nächtlichen Transporte hinterlassen in den Gassen oft sichtbare Spuren und einen markanten Geruch. Kritik gibt es immer wieder auch an der »armseligen Rumpelkammer«,[100] in der in Ermangelung eines richtigen Theaters zur Zerstreuung für die »in großer Langeweile« lebenden Kurgäste einige Aufführungen geboten werden.

In dieser Misere wird aus jeder noch so bescheidenen Verbesserung eine Erfolgsmeldung. Etwa als vom Hotel Erzherzog Johann am Sandplatz über die Spitalsbrücke (heute Postbrücke) nach Untermais ein Trottoir gebaut wird; als der Hühnerhof an der Winterpromenade mit seinen Duftnoten verschwindet und zwei Sitzbänken Platz macht; oder als im Sommer 1872 die Gisela-Promenade ein Eisengeländer bekommt, »was gewiß schon lange kein Luxusartikel gewesen wäre, da es sicher zu den Wundern gezählt werden darf, daß auf dieser Promenade nicht mehr Wandelnde in das Rinnsal der Passer gestürzt sind.«[101] Veranlasst vom kaiserlichen Hof wird auch eine dritte tägliche Postkutschenverbindung nach Bozen eingerichtet.

Die beiden Winter mit der Kaiserin haben die Kleinstadt allerdings in ein interessantes Feld für Spekulanten verwandelt. Kaum ist Elisabeth im Mai 1872 abgereist, kauft die neu gegründete Österreichische Baugesellschaft für Kurorte für 160 000 Gulden die ehemaligen Spitalsgründe am linken Passerufer auf. Darauf sollen ein Grandhotel und 54 Villen entstehen. »Neu-Meran« nennt sich das Projekt. Bereits im Herbst wachsen die ersten Mauern in die Höhe. Zur gleichen Zeit wird an einem Gaswerk gebaut, das Meran ab dem folgenden Jahr beleuchten soll. Von

Das erste, 1873 eröffnete Meraner Kurhaus, von der heutigen Freiheitsstraße aus gesehen.

der Aufbruchstimmung lässt sich auch mancher Hausbesitzer anstecken. In den besten Lagen der Stadt wird eifrig gebaut, die Zahl der Wohnungen wächst deutlich an; die Saison 1872/73 verspricht alle Rekorde zu brechen. Elisabeth war die Initialzündung, die den Kurort auf Touren bringt. Vom Aufschwung ermutigt, lassen sich die Wiener Finanziers der Baugesellschaft dazu überreden, neben »Neu-Meran« auch gleich in ein Kurhaus zu investieren.

Pläne für ein Kurhaus mit einem Saal für Theateraufführungen und einer öffentlichen Badeanstalt werden schon lange geschmiedet. Erst seit dem Besuch der Kaiserin sind sie realistisch. Es gibt allerdings massive Widerstände. Die konservative »kurfeindliche Partei« hat sich aus Respekt vor dem Kaiserhaus mit Kritik am Zuzug der Fremden zurückgehalten, setzt nun aber alle Hebel in Bewegung, um das Projekt zu Fall zu bringen. Eine Eingabe von 82 »kurfeindlichen« Bürgern führt immerhin dazu, dass der Landesausschuss ein schon genehmigtes Darlehen zurückzieht. Dennoch wird im Frühjahr 1873, genau ein Jahr nach der Abreise der Kaiserin, mit dem auf 200 000 Gulden veranschlagten Bau eines Kurhauses begonnen.

1882 wurde der Meranerhof als Hotel eröffnet, mit direktem Zugang zur Kurpromenade.

Meran ist nun eine Großbaustelle. Am linken Passerufer wächst »Neu-Meran« mit dem Grandhotel in die Höhe, am rechten Ufer das Kurhaus.

Im Frühsommer 1873 ist die Euphorie schlagartig vorüber. Am 9. Mai fallen an der Wiener Börse die Kurse plötzlich ins Bodenlose. Ein bis dahin beispielloser, seit 1867 anhaltender Boom zerplatzt wie eine Seifenblase. In diesen sechs Jahren waren in Österreich-Ungarn mehr als 130 neue Banken und Tausende neuer Aktien- und Baugesellschaften entstanden. Die Börse wurde zur Lotterie und die Spekulation zum scheinbar sicheren Geschäft. Als aber eine von Gerüchten alarmierte Großbank riesige Mengen an Wertpapieren verkauft, bricht Panik aus. »Wie eine verheerende Sturmfluth ist die Börsenkrisis über Nacht hereingebrochen und hat nicht nur die stolzen Luftschlösser der Speculanten, sondern auch ihren wirklichen Besitz und Wohlstand hinweggeschwemmt.«, klagt die Bozner Zeitung. »Die Zukunft hat ihr lachendes Gesicht verloren, wo wir nur hinblicken, starrt uns Entmuthigung und Verzweiflung an.«[102]

Die vom Wiener Börsenkrach ausgelöste Konkurswelle verschlingt auch die Österreichische Baugesellschaft für Kurorte. Die meisten der 54 in »Neu-Meran« geplanten Villen bleiben Papier, die Arbeiten am Grandhotel stocken und werden im Herbst 1873 schließlich ganz eingestellt. Da ist erst das Dach auf den Rohbau gesetzt. Der für eine Kleinstadt riesige Klotz steht die nächsten neun Jahre »im Bau fertig, der inneren Vollendung wartend« und wird gelegentlich als Korn- oder Zementlager genutzt. Erst 1882 kauft ein aus Wien stammender Chemiker und Fabrikant das halb fertige Gebäude und eröffnet es ein Jahr später als »Grand Hôtel de Meran – Meranerhof«. Wegen der Pleite der BAUGESELLSCHAFT FÜR KURORTE droht auch dem Kurhausprojekt der Stillstand. Eine Gruppe Meraner Bürger bringt das ausgefallene Geld auf, sodass das Kurhaus doch noch in der Herbstsaison 1874 eröffnet werden kann – erhellt von 102 Flammen der modernen Gasbeleuchtung. »Für den Kurort beginnt eine neue Ära«,[103] glaubt der Kurvorsteher anlässlich der Eröffnung.

Doch die neue Ära verzögert sich. Auf den Wiener Börsenkrach folgt die »große Depression«, die in der Doppelmonarchie in den 1870er-Jahren anhält. In Meran geht das neue Gaswerk kurz nach seiner Fertigstellung Pleite. Die Pläne für die Bahnlinie von Bozen nach Meran, die der Kaiser bereits im Winter 1871 bei seinem Aufenthalt im Schloss Trauttmansdorff begutachtet hat, bleiben liegen, weil das Geld für die Entsumpfung des Etschtales fehlt. Und die gehobene Mittelschicht hat offenbar kein Geld für eine Kur in Meran übrig. 1871/72, im zweiten Meraner Winter von Elisabeth, wurden rund 5 000 Kurgäste registriert. Diese Zahlen werden erst ab 1880 wieder erreicht.[104] Ab dieser Zeit macht sich tatsächlich eine neue Ära bemerkbar.

1881 geht endlich die Bozen-Meran-Bahn in Betrieb. Im Jahr darauf entdeckt Robert Koch den Erreger der Tuberkulose – der Beweis, dass diese Krankheit ansteckend ist. Zunächst ein schwerer Schlag für Meran, das wegen seines milden Klimas von vielen Tuberkulosekranken aufgesucht wurde. Doch der Stadt gelingt es erstaunlich schnell, sich neben den blutarmen, abgemagerten Lungenkranken eine neue Klientel zu sichern: die Bewegungsfaulen und Fettsüchtigen. Für sie gibt es unter anderem die neuartigen Terrainkuren des Münchner Arztes Max Joseph Oertel, der seinen Patienten gemäßigte Bewegungen verordnet, während man für die Lungenkranken eigene Sanatorien baut. Das verlangt nach einem Umdenken, wie ein 1886 in der MERANER ZEITUNG abgedruckter Aufsatz schildert: »Der Wägemeister unten im Curhause [bei ihm konnten die Kurgäste ihr Gewicht kontrollieren] hat sich auf ganz neue Redewendungen einüben müssen. Früher genügte das Wort: ›In diesem Jahre nehmen Sie aber schön zu‹, um ein stolzes Lächeln der Zufriedenheit auf das Antlitz des Patienten zu zaubern.« Bei der neuen Klientel »muss er vorsichtig mit diesem Zuspruche sein.«[105] Wie wichtig den neuen Meraner Kurgästen die Kontrolle ihres Gewichts ist, zeigt sich auch daran, dass die 1889 auf der Promenade aufgestellten Körperwaagen schon nach vier Monaten über 90 Gulden an Kleingeld eingenommen haben.

Ein kleiner Reiseschreibtisch aus den Beständen von Elisabeth

In den 1880er-Jahren setzt in Meran allmählich eine starke Zuwanderung ein. Ärzte, Fotografen, Kaufleute aus anderen österreichischen Kronländern und aus Deutschland lassen sich in der Stadt nieder, wohlhabende Österreicher, Deutsche und Russen kaufen Wohnungen oder bauen Villen. Die Einwohnerzahl von Meran verdoppelt sich zwischen 1870 und 1890. Als Elisabeth, Marie Valerie und der Kaiser 1889 nach fast 17 Jahren zum ersten Mal wieder nach Meran kommen, erkennen sie die Stadt kaum wieder.

Franz Joseph an Katharina Schratt

SCHLOSS TRAUTMANNSDORFF, 20. OKTOBER 1889

In der langen Zeit seit ich das letzte Mal hier war, hat sich Meran und Obermais so verändert, dass ich mich auf dem Wege, den wir vom Bahnhofe nach Trauttmannsdorff fuhren, kaum mehr auskannte. Es sind eine Menge Hotels, Villen und andere Häuser entstanden, die nicht zur Verschönerung der Gegend beitragen.[106]

Elisabeths »exaltierte« Schwester

■ **ELISABETHS JÜNGERE SCHWESTER SOPHIE** führt ein turbulentes Liebesleben. Während ihrer Verlobungszeit mit dem späteren Bayernkönig Ludwig II. verstört sie ihre Familie durch eine Liaison mit einem Münchner Fotografen. Auf Druck ihrer Familie beendet sie das Verhältnis, aber auch die Beziehung zu Ludwig zerbricht. 1868 heiratet sie den französischen Herzog Ferdinand. Als Sophie von Alençon lebt sie zwischen 1870 und 1872 mehrere Monate brav an der Seite Elisabeths in Meran, hier bringt sie auch ihr zweites Kind zur Welt. In Meran spielt dann auch das Ende einer weiteren Affäre. Mitte der 1880er-Jahre verliebt sie sich in ihren Münchner Frauenarzt Dr. Glaser. Für ihn will sie sich sogar scheiden lassen. Als die Affäre im Frühjahr 1887 publik wird, flüchtet Sophie nach Meran, wo sie jedoch ihr Bruder Carl Theodor, ein zeitweise in der Stadt tätiger Augenarzt (siehe Seite 87), stoppt. Er lässt sie kurzerhand in das Sanatorium des Grazer Nervenarztes Richard von Krafft-Ebing einweisen. Die offizielle Begründung: Sophie leide an »exaltierten Zuständen«.[107] Der Nervenarzt gilt als Experte für »sexuelle Abartigkeiten« und hat kurz davor sein »Psychopathia sexualis« veröffentlicht, für Jahrzehnte ein Standardwerk der Sexualpathologie. Obwohl Elisabeth selbst an ihrer Ehe verzweifelt, hat sie für ihre Schwester kein Mitleid: »Du wolltest Mann und Kinder schnöd' verlassen,/Mit dem Verführer in die Weite zieh'n;/Doch muss dein sündhaft Hoffen nun erblassen,/Wo du jetzt weilst, gelinget kein Entflieh'n!«[108] Nach fünf Monaten in »Behandlung« hat Sophie ihre Scheidungspläne vergessen. Am 4. Mai 1897, ein Jahr vor Elisabeths Tod, kommt Sophie in Paris beim Brand auf einem Wohltätigkeitsfest um, das sie zugunsten der Mission mitorganisiert hat.

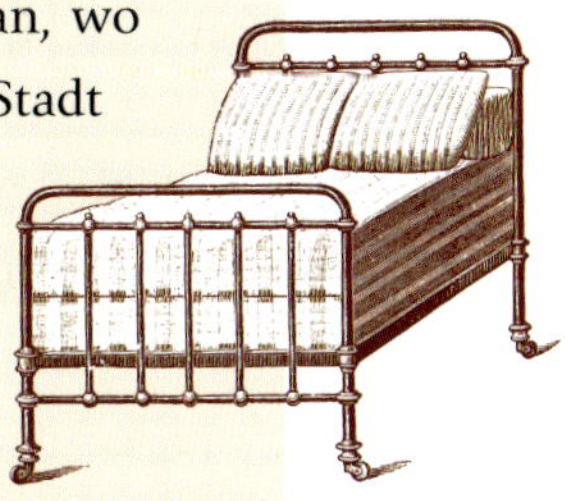

RUHELOS UNTERWEGS

Die Kaiserin fällt auf ihren Reisen aus allen Rollen

Als der 30-jährige Kronprinz Rudolf am 30. Jänner 1889 auf seinem Jagdschloss Mayerling sich und seine noch nicht 18-jährige Geliebte Mary von Vetsera erschießt, endet für Elisabeth auch ein Teil ihres eigenen Lebens. Sie sieht ihr Dasein zerstört und glaubt, »dass ich vorübergehen werde, ohne eine Spur in Österreich zu hinterlassen.«[109] Franz Joseph kann sich halbwegs mit einem Befund von Hofarzt Widerhofer trösten, Rudolf »sei eben an Verrücktheit gestorben, wie ein anderer an einer anderen Krankheit«[110], notiert Marie Valerie in ihrem Tagebuch.

Elisabeth aber ist »ganz trostlos und weinte bitterlich, fragte, warum sie geboren, sagte ihr Leben sei unnütz […] die Ehe sei eine widersinnige Einrichtung. Als 15jähriges Kind wird man verkauft und tut einen Schritt, den man nicht versteht und dann 30 Jahre lang bereut und nicht lösen kann.«[111] Diese Eintragung von Marie Valerie in ihr Tagebuch stammt vom 21. August, dem Geburtstag Rudolfs. Wenige Tage später macht Elisabeth sich wieder auf den Weg nach Meran.

In den gut 17 Jahren seit ihrer Abreise aus dem Obermaiser Schloss Rottenstein hat sich ihr Fluchttrieb noch weiter gesteigert. Die 1872 vom Stapel gelaufene Jacht Miramar ist für die Kaiserin und die sie ständig begleitende Marie Valerie zu einer zweiten Heimat geworden. England, Frankreich, Irland, Griechenland, Ägypten – Elisabeth hat jede Rücksicht auf ihre Rolle als Kaiserin aufgegeben und sucht nur nach eigener Erfüllung. Wie ihre Biografin später schreiben wird, weigert sie sich, »sowohl die traditionellen Pflichten einer Frau und Mutter als auch diejenigen einer Kaiserin zu erfüllen, hatte aber nichts Sinnvolleres, um ihre viele Zeit auszufüllen.«[112] Sinnvoll erscheint ihr nur noch das Reiten.

Sogar hoch zu Ross verbirgt Elisabeth ihr Gesicht, sobald sie einen Fotoapparat auf sich gerichtet sieht.

Aufgestachelt von ihrer Schwester Marie, die sich mithilfe der Rothschilds in England ein Jagdhaus kauft, wird Elisabeth eine fanatische Jagdreiterin. Verbissen trainiert sie auf dem kaiserlichen Ansitz von Gödöllö bei Budapest, ehe sie 1874 zu einer ersten England-Reise aufbricht. Wie schon in Meran dient die kleine Marie Valerie als Begründung: Sie brauche unbedingt Seeluft, die Insel Wight sei für eine Kur besonders geeignet.

Elisabeth schert sich kaum noch um die Etikette. Sie reitet wild durch die Gegend (in Irland wird sie später auf ihrem Pferd über eine Klostermauer springen und beinahe einen Priester umreiten), gilt wegen ihrer Launen bald als sehr sonderbare Person und verstört durch unkonventionelle Selbsteinladungen das englische Königshaus. Queen Victoria is not amused. Ein anderes Mal lässt Elisabeth, nun formell eingeladen, einen Termin bei der Queen sausen, weil sie sich lieber eine Auktion von Rennpferden ansieht. Kaufen kann sie keines, da sie zu teuer sind.

Dieses Problem ist schlagartig gelöst, als Franz Joseph 1875 von seinem kinderlosen Onkel, dem Ex-Kaiser Ferdinand, riesige Güter und mehrere Millionen Gulden in bar erbt. Sofort erhöht er die Apanage für seine Frau von 100 000 auf 300 000 Gulden jährlich und schenkt ihr obendrein zwei Millionen.

Bis dahin ist Elisabeth vom genügsamen Kaiser immer wieder gebeten worden, doch etwas sparsamer mit dem Geld aus der Hofkasse umzugehen. Jetzt kann sie aus dem Vollen schöpfen. Für ihre zweite England-Reise 1876 lässt sie sich einen Landsitz ausstatten, auf dem die teuersten Pferde stehen. 1879 geht es mit ähnlich großem Aufwand nach Irland. Da die körperliche Verfassung der kerngesunden Marie Valerie als Legitimation nicht mehr taugt, spricht das kritische Wien unverhohlen von sündhaft teuren Vergnügungsreisen.

»Welchen Effekt würde es gemacht haben, wenn man diese Reisekosten (vielleicht ½ Million) unter die Hilfs-Comités der Monarchie verteilt hätte, wie viel Hunger gestillt, wie viele Segen der Himmel für die Wohlthäterin gesendet?«[113], kritisiert selbst der österreichische Adel. Auch ein Teil der Wiener Presse wagt kritische Artikel. 1880 reist die Kaiserin ein zweites Mal nach Irland, eine geplante dritte Reise ist politisch nicht mehr tragbar. Sie muss sich mit England begnügen, wo eigens aus Österreich

Die Schauspielerin Katharina Schratt, Franz Josephs langjährige Freundin

geholte Handwerker unter großem Aufwand einen neuen Ansitz für sie herrichten, den Elisabeth bei zwei weiteren England-Reisen benutzt. Von diesen Reisen kehrt sie aber meistens verbittert »in den Käfig [zurück.] Warum konnte ich mir nicht alle Knochen brechen, damit ein Ende ist – mit allem?«[114]

1881 ist ihre Leidenschaft für das Jagdreiten plötzlich vorbei. Sie gibt ihre Stallungen in England und Irland auf, lässt die teuren Pferde verscherbeln und zeigt sich zu Neujahr 1882 plötzlich mit dem Kaiser in der Hofoper. »Es ist ein Ereignis, die Kaiserin anders als zu Pferd zu sehen und das Publikum zeigt sich dankbar für dieses seltene Schauspiel.«[115], spottet man in Wien.

Erstmals nach langer Zeit nimmt sie auch die Pflichten einer Kaiserin wieder wahr und begleitet ihren Mann auf eine Visite ins unruhige Triest. Es ist eine von politischen Spannungen überschattete Reise. Italienische Nationalisten hegen Attentatspläne gegen den Kaiser, sie werden aber vereitelt. Laut Marie Valerie ist Elisabeth »so bös auf die falschen Italiener [...] Da schreien sie immer ›Eviva, eviva‹ und stossen einem den Dolch in den Rücken.«[116] Doch diese öffentlichen Auftritte an der Seite von Franz Joseph sind nur kurz. Wie zuvor in der Reiterei geht Elisabeth nun in verbissen ausgeführten Turnübungen auf, in weiten Fußmärschen, in einer übersteigerten Verehrung für den Dichter Heinrich Heine und in eigenen Gedichten. Der pedantische und wortkarge Franz Joseph kann mit den von ihm als »Wolkenkraxlereien« bezeichneten Gefühlen seiner Frau nichts anfangen, weshalb sich die Kluft zwischen den beiden nur noch weiter vergrößert.

Es ist eine Phase, in der die Kaiserin sich schuldig fühlt an der gestörten Ehe. Als Franz Joseph 1886 die Schauspielerin Katharina Schratt kennenlernt, unternimmt sie nichts gegen diese Beziehung. Im Gegenteil: Sie fördert sie sogar und lässt in ihren Briefen an Franz Joseph »die Freundin schön grüßen«. Ebenfalls 1886 wird der bayerische König Ludwig II., dem sie sich seit ihrer Jugend seelenverwandt fühlte, für verrückt erklärt, worauf sie selbst den Wahnsinn idealisiert.

Ihrem griechischen Vorleser Constantin Christomanos sagt sie: »Ich neige dazu, jene Leute für vernünftig zu halten, die man wahnsinnig nennt.« Ludwig II. stirbt noch im selben Jahr, was Elisabeths spiritualistische Züge verstärkt. Sie findet im Spiritismus eine »befriedigende Lebensaufgabe«, notiert Marie Valerie in ihrem Tagebuch. Im spiritistischen Kontakt mit ihrem toten Vetter und »im Sinnen und Dichten« sei Mama ruhiger und glücklicher geworden. In der Öffentlichkeit häufen sich allerdings die Gerüchte, das merkwürdige Verhalten der Kaiserin sei ein Anzeichen für eine beginnende Geisteskrankheit.[117] In diesem labilen Zustand trifft sie im Jänner 1889 Rudolfs Selbstmord umso härter.

DIE »SCHWARZE FRAU« KOMMT

Elisabeths dritte Meran-Reise nach Rudolfs Selbstmord

Ein halbes Jahr nach Rudolfs Tod gibt Elisabeth die Anweisung, Schloss Trauttmansdorff für einen weiteren Aufenthalt anzumieten. Dass es sie gerade jetzt wieder nach Meran zieht, liegt wohl an den »Erinnerungen an frühere, glücklichere Zeiten«, wie der Kaiser später aus Trauttmansdorff schreiben wird. In Elisabeths ruheloser Depression mag ihr das Schloss als vertraute Fluchtburg erscheinen. Seit 1870 hat es sich kaum verändert. Nur die Rüstungen und andere mittelalterliche Sammlerstücke sind verschwunden. Schlossherr Moritz von Leon war durch eine allgemeine Krise der Landwirtschaft knapp bei Kasse. Deshalb ließ er 1887 »alte Waffen, Möbel, Teppiche, diverse Antiquitäten und Luxusgegenstände«[118] versteigern. Für die Kaiserin werden wieder dieselben Räume hergerichtet, die sie schon 1870 bewohnte.

Erste, kurze Notizen von der neuerlichen Meran-Reise veröffentlichen die Zeitungen Anfang Juli 1889. Die Berichterstattung fällt merklich weniger euphorisch aus als 1870 – wohl auch wegen der Tragik, die die Kaiserin mittlerweile umgibt. Die nächsten Artikel erscheinen erst wieder Anfang September, als mit einem Sonderzug aus zwei Personen- und fünf Gepäckwagen ein erster Teil des Hofpersonals, die Möbel und die umfangreiche Hofwirtschaft zur Versorgung des 60-köpfigen Trosses ankommen. Sechs große Pferdefuhren muss der Meraner Spediteur Hartmann einsetzen, um alles vom Bahnhof nach Trauttmansdorff zu karren. Anfang September wird auch eine Telefonleitung vom Postamt zum Schloss verlegt. Eine sensationelle Errungenschaft. Immerhin haben noch nicht einmal Wien und Brünn eine Telefonverbindung. Eigens aus Wien angereiste Hafner bauen inzwischen neben dem Innenhof von Trauttmansdorff eine Küche

Eine Marmortafel am Schloss Trauttmansdorff zählt die Aufenthalte des Kaiserpaares auf.

mit einem »Herd von geradezu riesigen Dimensionen«,[119] die Meraner Baufirma Musch & Lun erhält den Auftrag, eine neue Stiege zu errichten und nach der Abreise der Kaiserin wieder zu entfernen. »Im Schloßgarten und [im] Parke sind Wege und Ruheplätze hergerichtet und ebenso die Zufahrtsstraße. Ebenso sind alle Wege in der Umgebung des Schlosses sowie weitere Ausflugswege sorgfältig begangen und ausgebessert, zum theil auch neu hergerichtet.«[120] Und alles für nur sechs Wochen. Länger will Elisabeth diesmal nicht bleiben.

In ihrer Flucht vor Wien und der Welt hat sie den Hochsommer 1889 zwischen Gastein und Ischl verbracht. Auch ihre Anreise nach Meran wirkt gehetzt. Während die Hofverwaltung auf Trauttmansdorff einzieht, fahren Elisabeth und Marie Valerie am 5. September mit 16-köpfigem Gefolge über den Brenner nach Trient. Von dort geht es mit fünf Kutschen in sieben Stunden nach Madonna di Campiglio, wo Elisabeth in den folgenden Tagen ausgedehnte Wandertouren unternimmt. Der in Wien zurückgebliebene Kaiser berichtet in Briefen an seine Freundin Katharina Schratt von einem wahren Idyll: »Valérie schreibt entzückt von

Nach dem Selbstmord ihres Sohnes Rudolf trägt Elisabeth in der Öffentlichkeit fast nur noch schwarz.

der Gegend und der herrlichen Luft. Sie haben sehr schöne Ausflüge gemacht, welche Valérie sehr hübsch beschreibt und sie ist sogar auf einem Gletscher spazieren gegangen und über den Schnee herunter gerutscht.«[121] Der Alpenverein Trient ist von der Bergbegeisterung der Prinzessin derart angetan, dass er die 2850 m hohe Cima Grostè nach Marie Valerie umbenennt. »8. September, Mamas viel bessere Stimmung«, notiert diese in ihrem Tagebuch. Diese Stimmung schwankt allerdings von Tag zu Tag. Am 9. September schreibt die Hofdame Charlotte von Majláth, dass Elisabeth sich »wohl fühlte und ihren Ausdruck zurückgewonnen hatte, doch krampft sich mein Herz zusammen, wenn ich sie sehe. Vorigesmal beim Mittagessen war die Stimmung sehr schwül, gestern war sie sehr gnädig und nahm an allem teil.«[122]

Franz Joseph an Katharina Schratt

LEITOMISCHL, 14. SEPTEMBER 1889

Die Kaiserin und Valérie, denen es, unberufen, gut geht, wollten Gestern Campiglio zu Fuß und zu Mulo verlassen, um durch das Nonsthal, wo sie die Fahrstrasse erreicht hätten über die Mendel und Botzen nach Meran zu fahren, wo sie Heute Abend eintreffen sollten. Nun erhielt ich Gestern und Heute Früh Telegramme, daß Widerhofer vom Mulo fiel, sich das Schlüßelbein brach, starke Contusionen am Rücken und heftige Schmerzen hat und daß Alle daher in Campiglio bleiben mußten.[123]

Der auf sieben Tage angesetzte Aufenthalt in der Dependance des Grand Hotel des Alpes wird unfreiwillig verlängert, als Hofarzt Hermann Widerhofer bei der Abreise vom Maultier fällt und sich die Schulter und einige Rippen bricht. So machen sich die Kaiserin und ihr Tross erst einen Tag später als geplant auf die beschwerliche Fahrt zum Mendelpass.

Der Besitzer des Mendelhofes erfährt übrigens erst vier Tage vor der Ankunft der Kaiserin, dass sie bei ihm übernachten will. Er bietet eine Dependance seines Hotels an, die Villa Monte Roen, muss der Hofverwaltung allerdings garantieren, »daß in seiner Villa keine Krankheit vorgekommen ist.«[124] Die Kaiserin hat eine panische Angst davor, sich anzustecken. Nach einer Nacht bei heftigem Wind wandert sie mit strammem Schritt zunächst auf den Penegal. Bei der späteren Abfahrt nach Eppan lässt sie ihre Kutsche auf Halbweg bei Matschatsch stoppen und geht, begleitet von einem Bergführer, bis Eppan zu Fuß. In Sigmundskron wartet derweil der Hofzug für die Weiterfahrt nach Meran.

Die Bevölkerung hat inzwischen vernommen, dass sie sich gefälligst anders zu verhalten hat als 1870. Am 5. September weist die Statthalterei Tirol »im Allerhöchsten Auftrag« alle Ämter und Gemeinden an, dass jede Ovation zu unterbleiben hat und »dem dringenden Wunsche Ihrer Majestät, in größter Stille in Meran einzutreffen und dort in vollständiger Zurückgezogenheit weilen zu können, allseitig Rechnung getragen werde.«[125] Alles, was diesem Wunsch der Kaiserin »zuwiderläuft, ist kräftig und nachhaltig zu verhindern.« In den folgenden Tagen ermahnt die MERANER ZEITUNG mehrmals ihre Leser: »Die hohe Frau, welche, von einem unsäglich schweren Schicksalsschlage niedergebeugt, die milden Lüfte unseres gesegneten Thales aufsucht, bedarf vor Allem ungestörter Ruhe und Erholung und dieser Wunsch ist so einleuchtend, so selbstverständlich, dass jeder gebildete und theilnehmende Mensch ihn gewiß ohne weiteres zu befolgen bestrebt sein wird.«

Wie ernst es der Kaiserin diesmal mit ihrem »strengsten Inkognito« ist, hat sich bereits bei der Anreise nach Madonna di Campiglio gezeigt. Am 5. September fährt ihr Sonderzug gespenstisch »ohne jedes Glockensignal« in den Bahnhof von Bozen ein. »Im Waggon, in welchem sich die hohe Frau befand, waren die Rouleaux tief geschlossen und niemand, mit Ausnahme einiger Herren vom Gefolge, verließen ihr Coupé.«[126] Das Ereignis ist der BOZNER ZEITUNG deshalb nur einige Zeilen wert, während die wenige Tage später anstehende Einweihung des Denkmals für Walther von der Vogelweide eine ganze Woche lang mehrere Seiten füllt. Ähnlich still läuft am 16. September die Ankunft in Meran ab. Keine Böller, keine Musik-

Marmorbank vor Schloss Trauttmansdorff mit den Reliefs von Elisabeth und Franz Joseph

Ein Schreibset Elisabeths, wie sie es auf ihren zahlreichen Reisen mitnimmt.

kapellen, keine Massen entlang der Straßen vom Bahnhof nach Trauttmansdorff. »Das spärlich vertretene Publicum verhielt sich, dem Wunsche der hohen Frau Rechnung tragend, sehr decent und bewillkommnete dieselbe nur durch stummen Gruß.«[127] Immerhin fährt Elisabeth im offenen Wagen durch die Stadt, weshalb die wenigen Schaulustigen ein seltenes Bild zu sehen bekommen. »Ihr Antlitz – sie hatte den Schleier zurückgeschlagen – ist stark von der Sonne gebräunt.« Im Schloss Trauttmansdorff wartet auf Elisabeth und ihre Begleitung inzwischen eine Überraschung. Wie Marie Valerie an den Kaiser schreibt, ist das Schloss voller Flöhe.

Franz Joseph an Katharina Schratt

GÖDÖLLÖ, 23. SEPTEMBER 1889

Valérie schreibt, daß es der Kaiserin gut geht und auch ihre Stimmung gut ist, sie haben schönes, warmes Wetter und klagen nur über starken Wind von Passeier und Valérie über viele Flöhe in Schloß Trautmannsdorf.[128]

Elisabeth hat erreicht, was sie wollte: In Meran lässt man sie in Ruhe. Hinter ihrem Rücken wird zwar über »die schwarze Frau« getuschelt – seit dem Tod Rudolfs trägt sie fast immer Trauerkleidung. Sie kann aber weitgehend ungestört durch die Stadt und auf Wanderschaft durch die Umgebung gehen. Die Tiroler halten sich derart brav an das amtliche Störverbot, dass die Hofverwaltung schon nach wenigen Tagen über die Zeitungen lobt, »mit welcher Zurückhaltung sich die Einheimischen benehmen, wenn sie der Kaiserin auf einem ihrer vielen Ausflüge begegnen«. Nur einige Kurgäste könnten es nicht lassen, die Kaiserin durch »das auffällige Herandrängen, die geradezu belästigende Neugierde« zu stören. Die MERANER ZEITUNG ermahnt deshalb wiederholt, »selbst das Grüßen möge man auf Wunsch der hohen Frau ganz und gar unterlassen.«[129]

Trauttmansdorff ist nun von einem eigenen Wachdienst abgeschirmt, der jeden unerwünschten Besuch fernhält. Die Vereine und Verbände, die dennoch auf eine Audienz hoffen, werden mit einem am Schlosseingang aufliegenden Buch abgespeist, in das sie sich eintragen können. Auch die Zeitungen verhalten sich betont zurückhaltend und drucken nur gelegentlich kurze »Hofnachrichten«. Etwa als Elisabeth in den ersten Tagen mit Marie Valerie zum Schloss Rottenstein promeniert – ihre Bleibe im Jahr 1871 – oder als sie einen in der Nacht zuvor abgebrannten Bauernhof in Untermais besichtigt, um eine Spende zu überbringen. Das Feuer hatte sie von ihrem Schlafzimmer aus gesehen.

Es ist ein völlig verregneter Herbst. Immer wieder führen Bäche Hochwasser und gehen Muren ab. Elisabeth muss auf einige der von ihr geplanten Bergtouren verzichten, etwa zum Schutzhaus auf dem Schlern. Ein eigens für sie im Schloss Trauttmansdorff stationierter Bergführer ist zumeist zum Dasitzen verurteilt. Dafür kommt die Bozen-Meran-Bahn zu Ehren. Am 30. September fährt Elisabeth mit ihrer Tochter im Salonwagen nach Bozen, um Schloss Runkelstein zu besichtigen. Die mittelalterliche Burg hat Franz Joseph erst wenige Jahre zuvor geschenkt bekommen und in der Folge aufwändig restaurieren lassen. 1893 wird er sie der Stadt Bozen übertragen. Elisabeth kann Runkelstein an diesem Tag nur wenig abgewinnen. Anschließend lassen sich die beiden Frauen mit kleinem Gefolge nach Blumau kutschieren, um am Bahnhof Erzherzog Franz Salvator zu überraschen, den Bräutigam von Marie Valerie.

Dieser kommt für einige Tage nach Meran auf Besuch und macht sich sogleich in Trauttmansdorff nützlich. Zwei Tage nach seiner Ankunft schreibt er seinem künftigen Schwiegervater, dass dessen Räume wieder frei von Flöhen seien. Die Kaiserin, ihre Tochter und der Bräutigam fahren dann am 5. Oktober für zwei Tage nach Riva und Arco, wo sich Erzherzog Albrecht, ein Verwandter des österreichischen Kaisers, eine Villa gebaut hat. Vom privaten Briefverkehr zwischen dem Kaiser und seiner Frau ist heute wenig erhalten. Wegen der häufigen Reisen weiß der engste Kreis um Elisabeth nicht, wo die fast täglich ankommenden Briefe von Franz Joseph (Elisabeth ist weit weniger fleißig) aufbewahrt werden sollen. »Deshalb geschah es oft, dass die Kaiserin mir befahl, diese Briefe zu

Das letzte bekannte Foto von Elisabeth und Franz Joseph, 1898 in Bad Kissingen

verbrennen, damit sie nicht in fremde Hände fallen.«[130], erinnert sich später ihre Hofdame Marie Festetics. In den erhalten gebliebenen Briefen an seine Freundin Katharina Schratt erwähnt der Kaiser jedoch immer wieder, dass es Elisabeth in Meran »gut geht und auch ihre Stimmung gut ist«. Eine im Hofstaat mitreisende Gräfin berichtet aus Trauttmansdorff, Elisabeth sei »so natürlich, gnädig und sogar in guter Laune, dass ich das Gefühl hatte, als wenn das vorige Jahr ein schlechter Traum gewesen wäre.«[131] Wie schwankend der Zustand ist, zeigt aber eine Episode, die Marie Valerie beschreibt: »16. Oktober. Nachmittags fuhren Mama und ich nach Lana, wo wir das Kloster der deutschen Ordensschwestern besuchten. Als wir anklopften und man uns nicht hineinlassen wollte, weil der Rauchfangkehrer da sei, musste Mama sagen: ›Ich bin die Kaiserin‹ – da rannte die Pförtnerin in hellem Jubel davon und bald kam die Oberin und führte uns hinein […] in einem großen Zimmer alle versammelt. Mama ergriffen inmitten dieser einfachen warmgläubigen Menschen plötzlich: ›Beten sie für meinen Sohn‹ und brach in Tränen aus. Alle Schwestern weinten und eine Alte tröstete.«[132]

Elisabeths düstere Stimmung hellt sich auch nicht auf, als Franz Joseph am 19. Oktober in Meran eintrifft. Im Gegenteil. Marie Valerie stellt fest, dass er seit dem Tod Rudolfs noch wortkarger und verschlossener geworden ist und das Paar nur noch die Trauer gemeinsam hat. »Mama [...] ist dann viel trostloser, als wenn wir allein sind [...] Wie oft frage ich mich, ob das Verhältnis zwischen meinen Eltern nicht doch hätte anders werden können, wenn Mama in ihrer Jugend ernsten, mutigen Willen dazu gehabt [...] Und doch mag sie recht haben, dass es unter diesen Verhältnissen unmöglich war, inniger eins zu werden.«[133]

Franz Joseph an Katharina Schratt

SCHLOSS TRAUTTMANSDORFF, 20. OKTOBER 1889

Gestern Nachmittag machte ich noch eine ziemlich lange Promenade mit der Kaiserin. Wir besuchten die hübsche St. Valentins Kapelle, ganz nahe von hier, verschiedene bekannte Wege und Plätze in Obermais, den schönen Garten meines Bruders Carl in Schloß Rottenstein und frischten die Erinnerungen an frühere, glücklichere Zeiten auf.[134]

Obwohl sich auch der Kaiser alle Feierlichkeiten verbeten hat – sein Generaladjutant telegrafierte am 18. Oktober nach Meran »Jederart Empfang oder Aufwartung wurde Allergnädigst abgelehnt« –, putzt sich die Stadt wieder heraus. Die Besitzer der Häuser entlang der Straße vom Bahnhof nach Trauttmansdorff haben ihre Fahnen herausgeholt, der übliche Triumphbogen ist aufgebaut und als der Kaiser in der offenen Hofequipage den Bahnhof verlässt, bricht »die Kopf an Kopf harrende Menge in tausendstimmige Jubelrufe aus, welche sich längs der ganzen Strecke, die der Hofwagen zurücklegte, fortpflanzten.«[135] Elisabeth und Franz Joseph werden in den folgenden Tagen öfter bei gemeinsamen, meist schweigenden Spaziergängen beobachtet. »Die Gegend ist bei günstigem Wetter doch sehr schön und die prächtigen Kastanien Bäume, die hübschen Häuser und vielen alten Schlößer putzen sie sehr auf.«,[136] schreibt der Kaiser an Katharina Schratt. Allerdings verschlechtert sich das Wetter bald, womit die Spaziergänge unterbleiben.

Das gibt dem Kaiser Zeit, fleißig Briefe an seine Freundin zu schreiben, in denen sich die Stiche erahnen lassen, die das Kaiserpaar sich versetzt. »Ich konnte nicht unterlassen, das Zeitungsblatt zur Kaiserin zu bringen, wo Valérie den von Ihnen sprechenden Abschnitt [über eine Aufführung in Wien] vorlas.«,[137] berichtet er. Die sehr magere Elisabeth habe im Gegenzug gefragt, ob die mollige Schratt wieder »dicker geworden ist.«

Franz Joseph an Katharina Schratt

SCHLOSS TRAUTTMANSDORFF, 23. OKTOBER 1889

Von hier kann ich nur von entsetzlichem Wetter berichten, welches sich täglich verschlechterte und Gestern uns Allen und sogar der Kaiserin das Spazierengehen unmöglich machte. Sonntag konnte ich noch Nachmittag mit der Kaiserin eine lange Promenade bei warmen, trüben Wetter auf die Frags Burg machen, dann begann ein fast unausgesetzter, meistens strömender, warmer Regen, die Bäche und Flüße wurden gefahrdrohend, der Koth entsetzlich. Vorgestern sind wir hier noch mit Regenschirm und im Kothe watend in den Gassen und Wegen von Obermais herum gegangen.[138]

Der Kaiser verlässt Meran am 28. Oktober, besichtigt in Bozen das neue Walther-Denkmal und fährt durch das Pustertal nach Wien zurück. Elisabeth und Marie Valerie wollen, wie seit längerem geplant, zwei Tage später in Richtung Miramare aufbrechen. »Ich gebe zu, dass ich es nicht bedaure Meran zu verlassen, das Wetter ist zu schlecht, während der 15 Tage hatten

Elisabeths Bruder Carl Theodor, er betreibt in den 1880er-Jahren in Meran eine Augenklinik.

wir nur zwei schöne Tage und da wir so weit entfernt von der Stadt wohnen, ist es uns fast unmöglich, das wenige an Vergnügen zu genießen, das die Stadt uns hätte bieten können.«,[139] schreibt Obersthofmeister Nopcsa an seine Frau in Wien. Am 30. Oktober sind Elisabeth und Marie Valerie bereits zum Bahnhof unterwegs, als der Stationsvorsteher eine schlechte Nachricht erhält: Das Hochwasser hat südlich von Meran die Gleise unterspült. Es ist zu riskant, den Sonderzug mit dem Hofwagen über die Strecke zu schicken. Die Kaiserin beschließt kurzerhand, im Waggon zu übernachten. »Wie eine Akrobatenfamilie«,[140] freut sich Marie Valerie. Am nächsten Tag fahren die beiden Frauen in einer Kutsche zum Bahnhof Lana, während der leere Waggon vorsichtig über die lädierten Gleise geschoben wird. Für Elisabeth ist die Abfahrt aus Meran nur der Beginn ihrer nächsten Reise. In Triest sticht sie in Richtung Korfu in See und kreuzt dann mehrere Wochen durchs Mittelmeer. In Wien trifft sie erst im Dezember ein. An Weihnachten schreibt Marie Valerie: »O lieber Gott, wie traurig ist unser für Uneingeweihte so schön scheinendes Familienleben.«[141]

»Gackl«, der Lieblingsbruder

■ **VON ALLEN VERWANDTEN IST** Elisabeth ihr um zwei Jahre jüngerer Bruder Carl Theodor der Liebste. Vielleicht, weil er seine Erfüllung in ziviler Arbeit gefunden hat. 1872 schließt Carl Theodor als Spätberufener in München sein Medizinstudium ab. Sechs Jahre später erkrankt »Gackl«, so der von Elisabeth und der gesamten Familie gebrauchte Kosename, zum ersten Mal ernsthaft an der Lunge. Bei einer Kur an der Côte d'Azur lernt er einen schwerkranken russischen Kollegen kennen, eine Kapazität in der Augenchirurgie. Durch ihn entdeckt Carl Theodor sein Faible für die Augenheilkunde. Auf der Rückfahrt machen die beiden für einige Wochen in Meran Halt, wo Carl Theodor im Spital als Operateur aushilft. Zurück in Bayern wird der Herzog bald ein gefragter Augenarzt, übernimmt sich aber derart, dass er Anfang 1883 nach Meran zur Kur geschickt wird. Von nun an kommt er fast jedes Jahr nach Meran. Nicht nur zur Erholung. In der Villa Bavaria in Obermais richtet er eine Arztpraxis ein, wo er in jeder Saison Hunderte von Operationen durchführt – für Minderbemittelte gratis. Die Zahl der Blinden im Burggrafenamt geht in der Folge derart deutlich zurück, dass die Behörden in Innsbruck und Wien zunächst an »offenkundige Irrtümer« in der Statistik glauben.[142] Die Meraner Stadt- und Kurverwaltung feiert den Arzt nun regelmäßig als großen »Wohltäter«. 1898 wird durch eine Lotterie der Grundstock für eine Carl-Theodor-Heilanstalt westlich von Meran gelegt. Der kränkelnde Herzog aber will sich auf seine alten Tage ganz auf seine neue Klinik in München konzentrieren. 1899 operiert er zum letzten Mal in Meran. Zehn Jahre später stirbt er 70-jährig in Kreuth. An ihn erinnert ein Löwenpaar, Wappentier der Bayern, das den Eingang zur Villa Bavaria bewacht. Das Haus ist heute ein Hotel.

MIT ZIEGEN AUF REISEN

Die exzentrischen Wünsche der alternden Elisabeth

NEUN MONATE NACH DER Abfahrt aus Meran, im Juli 1890, heiratet Marie Valerie. Weil sich die ersehnte Schwangerschaft erst mit Verspätung einstellt, begleitet sie ihre Mutter auch danach noch auf einigen Reisen. Die Kaiserin aber glaubt, mit der Hochzeit ihr letztes Kind verloren zu haben. Ihre Flucht vor den Pflichten am Wiener Hof und vor ihrem Mann steigert sich zur Flucht vor sich selbst. Ihrem griechischen Vorleser Constantin Christomanos gesteht sie: »Die Reiseziele sind nur deswegen begehrenswert, weil die Reise dazwischen liegt. Wenn ich irgendwo angekommen wäre und wüsste, dass ich nie mehr mich davon entfernen würde, würde mir der Aufenthalt selbst in einem Paradiese zur Hölle.«[143] Elisabeth verbringt nun oft Monate auf ihrer Yacht. Algier, Toulon, Gibraltar, San Remo, La Coruña, Monaco – kurzfristig ändert sie ihre Reiseziele und stürzt die Hofverwaltung, die diese Reisen organisieren muss, ständig in Verwirrung. »Wohin wir fahren, weiß eigentlich nicht einmal Ihre Majestät.«,[144] klagt ihre langjährige Hofdame Marie Festetics. Elisabeths altgedienter Obersthofmeister Nopcsa und die österreichischen Konsulate haben alle Hände voll zu tun, die für die Kaiserin bestimmten Briefe postlagernd in die gerade aktuellen Aufenthaltsorte zu dirigieren und die nicht abgeholten Sendungen an neue Adressen nachzuschicken.

Bei Hof hat man die Hoffnung endgültig aufgegeben, Elisabeth könnte noch einmal die Rolle der Kaiserin ausfüllen. Zu bizarr ist ihr Verhalten. Auf hoher See steht sie stundenlang bei Sturm und Regen an Deck. Auch an Land nimmt sie bei ihren getrieben wirkenden Wanderungen keine Rücksicht mehr auf das Wetter. »I. M. rennt gewohnheitsmäßig sehr viel […] gestern zum Beispiel 9½ Stunden.«,[145] schreibt der Obersthofmeister

Elisabeth auf dem Deck ihrer Yacht Miramar im Mittelmeer

Postkarte mit Elisabeth, wie man sie eher selten sieht, das Gesicht verbittet und vom Alter gezeichnet.

1892 aus Luzern. Auch ihr übriges Verhalten befremdet. »Die Menschen staunen über uns, dass ich ganz erröte.«,[146] schreibt Festetics. In fremden Ländern erscheint die Kaiserin ohne Anmeldung in den Residenzen der dortigen Herrscher, mitunter dringt sie sogar in Privathäuser ein, wobei man sie glücklicherweise nicht erkennt. In Nizza wird sie deswegen beinahe verprügelt. Obwohl sie bei einer Körpergröße von 1,72 Meter kaum 50 Kilo wiegt, steigert sich ihre Angst vor Übergewicht ins Krankhafte. Franz Joseph schreibt ihr von seiner Sorge, »dass Du dich wieder aushungerst« – ohne Erfolg. Mit strengen Diäten drückt sie ihr Gewicht mitunter auf 45 Kilo, sodass Ärzte um 1895 Mangelerscheinungen und Hungerödeme feststellen. Der kaiserliche Leibarzt Joseph Kerzl schimpft über »diese verdammte Waage«, die Elisabeth nun bei ihren Reisen stets dabei hat.[147]

Sie nimmt fast nur noch Milch und Eier zu sich und stellt ihren Hofstaat mit ihren exzentrischen Wünschen immer wieder vor logistische Probleme. So muss Obersthofmeister Nopcsa im Oktober 1889 von Meran aus den Transport einer Ziege von Wien an die Adria organisieren. Er weist den »Tirolergarten« in Schönbrunn an, dass die Ziege »am 20. Mts.

nach Miramar abgesendet, dort mit Olivenblättern gefüttert, Früh und Nachmittags gemolken und tunlichst viel im Freien gehalten werde.«[148] Auf anderen Schiffsreisen werden selbst Kühe mitgenommen, damit die Kaiserin stets die von ihr geliebte frische Milch trinken kann.

Ihre legendäre Schönheit ist längst verschwunden. Die Bevölkerung hat noch immer die makellose Weiblichkeit der frühen Bilder vor Augen. Die wirkliche Kaiserin aber ist mittlerweile eine Frau von weit über 50 Jahren mit falschen Zähnen, einer vom Wetter gegerbten Haut und mit Falten im Gesicht, die sie nicht zu akzeptieren vermag. »Es gibt nichts ›Grauslicheres‹, als so nach und nach zur Mumie zu werden und nicht Abschied nehmen zu wollen vom Jungsein.«[149], sagt sie einmal. In dieser Zeit macht sie ihre Ankündigung wahr, dass »nicht einmal meine nächste Umgebung […] mein Gesicht […] erblicken« soll. Fächer und Schirm, hinter denen sie sich blitzschnell vor fremden Blicken versteckt, werden »fast zu Bestandtheilen ihrer körperlichen Erscheinung«,[150] notiert ihr Vorleser Christomanos.

Seit Marie Valerie verheiratet ist und die Kaiserin meist ohne sie reisen muss, ist sie nur noch mit einer kleinen Gruppe Bediensteter unterwegs – wie eine Touristin. Da sie zudem von einem Reiseziel zum nächsten hastet, steigt sie immer öfter in Hotels ab. Aus dem internen Briefverkehr geht übrigens hervor, dass sich die Hofverwaltung bei der Hotelwahl auch von den Baedeker-Reiseführern leiten lässt. Mit ihren Ansprüchen stellt Elisabeth die Hoteliers oft vor schwierige Aufgaben. Sie meldet sich kurzfristig an und wo sie das Hotel nicht für sich und ihre Begleitung ganz in Beschlag nehmen kann, besteht sie auf separaten Eingängen, um möglichst niemandem zu begegnen.

Ende Juni 1894 kehrt Elisabeth noch einmal nach Madonna di Campiglio zurück. Sie wohnt wieder im GRAND HOTEL DES ALPES, das sie von ihrem ersten Aufenthalt fünf Jahre zuvor kennt. Wieder reist sie mit dem Salonwagen an, wieder lässt sie sich bei der Durchfahrt in Bozen nicht blicken, wieder verbittet sie sich jeglichen Empfang. Trotzdem stehen in den Dörfern entlang der Strecke zwischen Trient und Madonna di Campiglio »die Leute dicht gedrängt an der Straße. Balcone und Fenster waren mit Frauen und Kindern besetzt.« Die BOZNER ZEITUNG gibt in ihrem Bericht von der Anreise auch die ständig verbreitete Floskel wieder,

Postkarte vom Becherhaus um 1900

»daß die Kaiserin sehr wohl und gekräftigt aussieht.« Der sechswöchige Aufenthalt in Madonna di Campiglio fällt aus dem Rahmen von Elisabeths späten Reisen. Denn dieses Mal fährt der Kaiser ihr nach, worüber man in Wien entsetzt ist. »Alle missbilligen hier die tiroler Reise S. M.; man ist sehr besorgt ihn so nahe der italienischen Grenze zu wissen, da über eine anarchistische Verschwörung Nachrichten kamen.«,[151] schreibt Obersthofmeister Nopcsa an die Vorleserin Ferenczy.

Dieser erste Besuch des Kaisers im Trentino seit 23 Jahren fällt in eine politisch labile Zeit. Der italienische Teil Tirols verlangt immer lauter nach einer Autonomie und nach einem »Los von Innsbruck«, die das zentralistische Wien aber nicht gewähren will. Deshalb die Angst der Wiener Strategen vor Unruhen oder gar einem Anschlag. Aber auch Elisabeth scheint über den Besuch nicht erfreut zu sein. »I. M. ist sehr unruhig, was möglich war, ist geschehen, doch konnte man den Kaiser nicht überreden, dass er nicht kommen soll.«,[152] schreibt ihre Hofdame Marie Festetics aus Campiglio. Es wird dann doch ein anscheinend harmonisches Treffen. So berichten die spärlichen Artikel in den Zeitungen, dass Elisabeth den

Kaiser trotz des wechselhaften Wetters zu einer gemeinsamen Wanderung überredet. »Auf der Rückkehr ging wieder ein heftiger Regenguss nieder, so daß das Kaiserpaar in einer Almhütte Schutz suchen musste.« Und als Franz Joseph nach zwei Wochen in die Sommervilla nach Ischl zurückfährt, lässt Elisabeth ihm Blumen nachschicken. Gerührt dankt er in einem Brief »für Deine Liebe und Güte, Deine Fürsorge, die mir den Aufenthalt in den Südtiroler Bergen zu einem so angenehmen und unvergesslichen machten.«[153] Ende Juli fährt Elisabeth aus Campiglio ebenfalls nach Ischl. Da ist der Kaiser allerdings schon wieder in Wien. Bald darauf bricht Elisabeth nach Korfu auf.

Als sie Ende Juni über den Brenner nach Madonna di Campiglio reist, wird in ihrem Namen hoch über der Brennerstrecke eifrig gebaut. Am Alpenhauptkamm unterhalb des Wilden Freigers auf 3200 m errichtet die Sektion Hannover des Deutschen und Österreichischen Alpenvereins ein Schutzhaus. Weil die Forstbehörden in Sterzing eine Berghütte in dieser Lage nicht genehmigen wollten, kamen die Hannoveraner auf die Idee, das Haus der Kaiserin Elisabeth zu widmen, worauf das Projekt prompt in Wien abgesegnet wurde.[154] Der Bau beginnt im Frühjahr 1894, im Juni trifft in Sterzing ein Porträt Elisabeths in Medaillonform aus weißem Laaser Marmor ein. Ein Träger schleppt das schwere Stück bis zu dem im August eröffneten Kaiserin-Elisabeth-Schutzhaus, wo es zunächst an der Außenmauer angebracht wird. (Heute hängt es im Inneren. Die Hütte ist mittlerweile nur noch als Becherhaus bekannt.) Elisabeth selbst hat zwar vor, die Hütte zu besuchen – für eine bald Sechzigjährige in der Zeit eine Extremtour –, den Plan führt sie aber nicht mehr aus.

Dieser Fächer stammt angeblich aus dem Bestand von Elisabeth.

DIE LETZTE REISE NACH TIROL

Zum Karersee und dann ein letztes Mal nach Meran

Im Dezember 1894 kommt es im Wiener Palais des reichen Industriellen Nikolaus Dumba zu einer bezeichnenden Begegnung. Dumba hat den griechischen Vorleser Constantin Christomanos an den Hof vermittelt, jetzt ist bei ihm dessen Cousin Theodor Christomannos[155] zu Gast. Theodor ist ein Wahl-Meraner und einer der rührigsten Pioniere im Tiroler Tourismus. 1893 hat er in Sulden am Fuß des Ortlers ein Grandhotel gebaut. Drei Jahre später wird, zeitgleich mit dem ersten Abschnitt der von ihm initiierten Dolomitenstraße, unter dem Rosengarten das legendäre Grandhotel Karersee eröffnet. In Dumbas Haus trifft Theodor Christomannos auf Franz Josephs Freundin Katharina Schratt, die in den Jahren zuvor selbst mehrmals in Meran war. »Offenbar will er sie wieder in eines seiner Gebirgshotels und auf die Gletscher locken.«[156], mokiert sich Franz Joseph in einem Brief an Elisabeth.

In Wirklichkeit lassen sich andere Damen der Kaiserfamilie locken. Im Juli 1897, ein Jahr nach der Eröffnung des Karerseehotels, quartiert sich dort die 14-jährige Erzsi ein. Sie ist die Tochter des verstorbenen Thronfolgers Rudolf, also eine Enkelin Elisabeths. Nach rund vier Wochen, am 7. August, reist sie nach Meran weiter, um dort ihre Mutter zu treffen. Just zwei Tage später kommt Elisabeth am Karersee an. Es ist wohl kein Zufall, dass die Kaiserin und ihre Enkeltochter sich knapp verpassen. Elisabeth hat zu ihren Enkeln keinen Bezug. Zudem ist das Verhältnis zu Stephanie von Belgien, der Witwe des Thronfolgers, seit langem gestört.

Für sie hegt Elisabeth nur Hassgefühle und sagt recht offen, »sie schäme sich ihrer vor den Leuten.«[157] Deshalb gehen sie sich in Tirol aus dem Weg, auch wenn sie die gleiche Route nehmen. In Meran wohnt Erzsi mit

Elisabeth (links) mit Hofdame Sztáray in Territet bei Montreux

ihrer Mutter Stephanie im Kaiserhof, wo auch Elisabeth nach ihren fünf Wochen am Karersee absteigen wird.

Das Karerseehotel ist wegen seiner traumhaften Lage am Fuß des Rosengartens berühmt. Auch sein verschwenderischer Komfort macht es für die Oberschicht zur Topadresse. Den Ausschlag dafür, dass Elisabeth im Hochsommer 1897 beschließt, in dem Höhenhotel einige Wochen zu verbringen, gibt letztendlich die PR-Arbeit von Theodor Christomannos in Wien. Von Mai bis Juli hat sie im deutschen Kurbad Kissingen gewohnt. Eine Kammerdienerin schreibt von dort: »I. M. vertragt die Kur recht gut und darf ganz zufrieden sein mit dem Besserwerden, wenn man das Bild der Riviera vor sich hat, wo I. M. nur geschlichen ist [...] fällt mir das rasche Tempo auf!! Kein Mensch geht hier so.«[158] In Bad Kissingen isst sie »ganz kurgemäss« und nimmt sogar leicht zu, sodass sie sich Anfang August recht erholt auf die Fahrt zum Karersee macht.

»9. August. Mama nach Karersee [...] der es schwerer wird, sich in ein Zusammenleben zu finden.«,[159] notiert Marie Valerie in ihrem Tagebuch, nachdem sich das Kaiserpaar kurz in Ischl getroffen hat. Über dieses Treffen notiert ein Bekannter des Kaisers: »Der Zustand der hohen Frau ist anormal. Die Kaiserin weigert sich aus Furcht corpulenter zu werden, genügend Nahrung zu sich zu nehmen. Dadurch Nerven in schlechter Verfassung und Blutungen die Organismus angreifen. Die Stimmung ist sehr gedrückt. Die Kaiserin hat während des letzten Aufenthaltes in Ischl Ihrem hohen Gemahl so viel vom Tode gesprochen, dass dieser völlig deprimiert war.«[160]

Elisabeth fährt, begleitet nur von einem sechsköpfigen Hofstaat, im normalen Nachtzug über den Brenner. Sie ist »im strengsten Inkognito« als Gräfin von Hohenembs unterwegs – ein Pseudonym, das sie seit einigen Jahren auf ihren Reisen verwendet. Aber jeder weiß, wer sich dahinter verbirgt. In der Presse findet sich kein Hinweis auf den wirklichen Zustand der Kaiserin. »Ihr Aussehen ist ein vorzügliches; Mitreisende, sowie die Wenigen, die sich auf dem Perron eingefunden hatten, waren entzückt über die Vornehmheit und den unveränderten Reiz der Erscheinung. Kaiserin Elisabeth trug Trauerkleidung mit Ueber-Jaquet und ein Hütchen.«,[161] heißt es von der Ankunft in Bozen. Noch am selben Vormittag geht es in viereinhalbstündiger Kutschfahrt durch die Schluchten des Eggentals zum Karersee. »Die Kaiserin war hingerissen. Hatte sie schon der Eggenbach entzückt, so bezauberten sie vollends die Dolomiten.«,[162] notiert ihre Hofdame. Hoteleigentümer Theodor Christomannos hat für einen diskreten Empfang gesorgt und die übrigen Gäste ermahnt, »auf das strengste das Inkognito der Monarchin zu achten.« Als in den folgenden Tagen dann doch einige »durch eine zudringliche Neugierde dem hohen Gaste das Verweilen unangenehm zu machen versuchten.«,[163] lässt die Direktion für Elisabeth einen Ausgang öffnen, durch den sie unbemerkt das Hotel verlassen kann. Die Kosten dafür fallen kaum noch ins Gewicht. Für jeden Tag im Karerseehotel muss die Hofverwaltung 250 Gulden ausgeben, rund 250 Tageslöhne. Allein die Hotelrechnung macht 160 Gulden täglich aus.

Franz Joseph an Elisabeth

ISCHL, 26. AUGUST 1897

Die Gegend von Karersee muß wirklich sehr schön sein, nur fürchte ich, daß Du, um sie kennen zu lernen und bei Deinem jetzigen Wohlbefinden, Dich zu sehr anstrengst und zu viel steigest, was später wieder nachtheilige Folgen haben wird.[164]

Als sich im Hotel die Aufregung um den Stargast etwas legt, zeigt sich Elisabeth auch wieder in der Halle und lässt sich auf Gespräche mit dem charmanten Hoteleigentümer Christomannos ein, einem notorischen Frauenheld. »Nur gegen allzu indiskrete Beobachter schützte sich die Kaiserin mit dem großen Fächer, den sie in der Hand trägt, und aufdringlicher Blumenspenderinnen wußte sie sich rasch zu entledigen.«, beobachtet die BOZNER ZEITUNG. Und so konnten andere Gäste »tagelang hier weilen, ohne zu wissen, daß sie unter einem Dache mit der Kaiserin von Österreich wohnten.«[165] Die wenigen Zeitungsartikel berichten, »der Aufenthalt in der Hochgebirgsluft hat [bei] der Kaiserin sichtlich gut angeschlagen; sie sieht vortrefflich aus, ihr Gang ist elastisch und kräftig.« Auch die Hofdame Irma Sztáray ist mit Elisabeths Zustand zufrieden. »Nur wenn sie mehr essen und weniger gehen möchte, man fürchtet sich sofort, dass von dem einen das Zuviel und vom anderen das Zuwenig schaden könnte.«[166] Allerdings marschiert die Kaiserin am Karersee deutlich weniger als in den Jahren zuvor. Ein Fixpunkt im Tagesablauf ist nur der Sonnenuntergang, den sie »wie festgewurzelt, in stummer Bewunderung dieses herrlichen Naturschauspiels«[167] beobachtet. Elisabeth selbst berichtet ihrer Tochter Marie Valerie: »Von hier könnte man sehr interessante grössere Ausflüge machen und Christomanos redet mir sehr dazu, doch ist es gescheiter jetzt noch acht geben und mich nicht zu müde machen, vielleicht könnte mich etwas Anderes treffen.«[168]

In Meran ist schon seit längerem ein Quartier für sie vorbereitet. Doch bleibt Elisabeth bis in den September hinein am Karersee – obwohl Ende August eine Kaltfront über die Dolomiten zieht und es tief herabschneit. Bis zuletzt lässt sie selbst den Kaiser über ihre Abreise im Unklaren. »Ich bin auch neugierig, ob und wann du nach Meran übersiedelst.«,[169] schreibt er am 6. September aus Wien an den Karersee. Da ist die Presse schon besser informiert. Zwei Tage später schreibt er nämlich, »nach der Zeitung gehst Du wirklich am 15. nach Meran und ich bin neugierig, ob diese Nachricht richtig ist.«[170] Am 15. September steigt Elisabeth vom Karersee kommend in Bozen fast unbemerkt in die Bozen-Meran-Bahn. Auch am Meraner Bahnhof nimmt kaum jemand ihre Ankunft wahr. Mit ihrer Hofdame geht sie zu Fuß die rund 300 m zum Hotel Kaiserhof. Eine Touristin unter vielen. Die Direktion des erst im Jänner eröffneten Kaiserhofes hat das Treppenhaus durch Teppiche geteilt, sodass Elisabeth getrennt von den anderen Gästen ein- und ausgehen kann. »Wie ganz anders ist es hier als am Karersee. Ein wahrhaftiges Idyll nach der etwas rauhen, aber herrlich beschwingten Öde […] heiter, mild und zweifellos der Kaiserin zuträglicher.«,[171] schreibt ihre Hofdame Irma Sztáray.

Nicht mehr ganz ofenfrisch: der 1897 für Elisabeth gebackene Kuchen

Franz Joseph an Elisabeth

OFEN, 20. SEPTEMBER 1897

Gestern erhielt ich durch Valerié einen, an sie gerichteten Brief der Gräfin Sztáray mit, leider minder guten Nachrichten von Deinem Befinden. Du bist offenbar zu lange in Karersee geblieben und ich hoffe nur, daß das mildere Climat von Meran eine baldige Besserung bewirken wird. [172]

In Meran macht Elisabeth wieder ihre Ausflüge: zum Schloss Trauttmansdorff, nach Schenna, zur Quellfassung nach Longfall bei Dorf Tirol – wo sie sich die Trinkwasserversorgung Merans erklären lässt –, nach Partschins und von dort zu Fuß zum 1300 m hoch gelegenen Eggerhof. »Sämtliche Dolomiten waren sichtbar. [...] Die Kaiserin war ausgezeichneter Laune, scherzte und lachte; und auf dem ganzen Wege trug sie förmlich die Kosten der Unterhaltung.«,[173] notiert Sztáray. Ende September fährt sie über Lana nach Nals, wo sie beim Sonnenwirt einkehrt. In höchster Aufregung wird für sie ein Kuchen gebacken, von dem Elisabeth allerdings nur eine dünne Schnitte isst. Der Rest wird heute – steinhart und nahezu unversehrt – in einer Pension in Algund[174] aufbewahrt. Nur eine Maus hat in der Zwischenzeit daran geknabbert. Wie andere Touristen auch spricht Elisabeth in Meran der Traubenkur zu – mit dem Unterschied, dass die Kurverwaltung für sie einen freien Zugang in alle Weingärten organisiert hat. »Und wie uns das schmeckte! Noch besser hätte es uns höchstens gemundet [...] wenn wir nicht die Erlaubnis gehabt hätten, jeden beliebigen Weingarten zu dezimieren.«,[175] berichtet die Hofdame.

Nach nur zwei Wochen ist dieser vierte Aufenthalt Elisabeths in Meran zu Ende. Am 28. September macht sie einen letzten Gang über die Promenade und geht von dort direkt zum Bahnhof. Einen offiziellen Abschied hat sie sich verbeten, sodass nur einige wenige Neugierige ihre Abreise beobachten. Dem Kurvorsteher lässt die Kaiserin ausrichten,

Illustration in einer französischen Zeitschrift: der Mord an Elisabeth in Genf

dass sie über »die Zurückhaltung des Publicums« sehr zufrieden war und »die bestimmte Absicht hege, im nächsten Herbste auf längere Zeit wieder hieherzukommen.«[176] Seit kurzem fährt ein Luxuszug zweimal wöchentlich in nur 13 Stunden nach Wien. An diesen Zug wird ihr Salonwagen angehängt, »heiter, frisch und guter Dinge«[177] kommt die Kaiserin laut ihrer Hofdame Sztáray am nächsten Morgen im niederösterreichischen Wallsee an, wo Marie Valerie nun wohnt. Aber schon nach wenigen Tagen beim Kaiser ist sie in düsterer Stimmung wieder quer durch Europa unterwegs. »Massage, frühes Niederlegen und dann eine lange Nacht mit Marter und Nicht-schlafen ausgefüllt. Auch das wird einmal ein Ende nehmen, umso besser wird die ewige Ruhe.«,[178] schreibt sie im Jänner 1898 aus San Remo an Marie Valerie. Diese notiert in ihr Tagebuch: »Mamas Winter war noch schlechter als wir wussten [...] all der Jammer dieses armen, trostlosen Lebens, nun gesteigert durch Alter und Kränklichkeit.«[179]

Von San Remo fährt Elisabeth im April nach Montreux-Territet, ihrem in den Jahren zuvor schon viermal aufgesuchten Quartier am Genfer See. Den Mai verbringt sie im bayerischen Bad Kissingen. Von dort aus erhält Theodor Christomannos am 1. Juni die Anweisung, für Elisabeth im Juli 1898 einige Zimmer in seinem neuen Grandhotel Trafoi und im August am Karersee zu reservieren. Den Herbst wolle sie dann wieder in Meran verbringen.[180] Wenige Tage später folgt die Absage. Die Ärzte in Bad Kissingen haben anstelle der Alpen eine Kur im hessischen Bad Nauheim vorgeschlagen. Von dort reist Elisabeth am 30. August erneut an den Genfer See und bezieht das Grandhotel in Caux hoch über Montreux. Am 9. September folgt sie einer Einladung der Familie Rothschild zu einem Kurzbesuch in Genf. In der Stadt wartet der italienische Anarchist Luigi Lucheni mit einem wirren Plan. Er will den Herzog von Orléans umbringen – ein Mord, der die Anarchie ins öffentliche Bewusstsein bringen soll. An dem Tag erfährt Lucheni, dass der Herzog seine Reise abgesagt hat. Dafür berichtet eine Zeitung, dass die im Hotel Beau Rivage abgestiegene Gräfin von Hohenembs in Wirklichkeit die Kaiserin von Österreich ist. Lucheni ändert seinen Plan. Als Elisabeth am Morgen des 10. Septembers das Hotel verlässt, um mit dem Linienschiff nach Montreux zurückzufahren, ersticht er sie mit einer zugespitzten Feile.

EINE RÜCKKEHR IN MARMOR

Merans Stargast findet auch als Denkmal lange keine Ruhe

Elisabeths absurder Tod überstrahlt von der ersten Nachricht an die Brüche in ihrer Persönlichkeit. Ihre Schwermut, ihr Schlankheitswahn, ihre bizarre Selbstflucht – dies alles scheint mit einem Mal aus dem Bewusstsein Österreich-Ungarns zu verschwinden. Verdrängt von nun tausendfach reproduzierten Bildern, von Büsten, Denkmälern und ausgeschmückten Legenden, die plötzlich wieder die junge, strahlend schöne Kaiserin erscheinen lassen. Was die lebende Elisabeth selbst auf dem Höhepunkt ihrer legendären Schönheit nur in Ansätzen erreichte, schafft die tote Elisabeth nun mühelos. Sie wird zur verklärten Lichtgestalt, zum Mythos der untergehenden Monarchie.

Es ist kein Zufall, dass die in Stein gemeißelte Verklärung in Ungarn beginnt. Die noch sehr junge Kaiserin hat entscheidend dazu beigetragen, dass es 1867 zum sogenannten österreichisch-ungarischen Ausgleich kommt, mit dem die Ungarn unter dem Dach der Doppelmonarchie wieder einen eigenen Staat bekommen. Aus ihrer Sympathie für Ungarn hat Elisabeth auch später nie ein Hehl gemacht. Und so sind bereits zehn Tage nach ihrem Tod 200 000 Gulden für ein Denkmal in Budapest gesammelt. Es ist der Startschuss für eine Reihe weiterer Elisabeth-Denkmäler, die um die Jahrhundertwende entstehen.

Montreux zum Beispiel gibt bereits im Jahr 1900 eine marmorne Statue in Auftrag, 1902 wird sie eingeweiht. Auch Meran hätte allen Grund, seinem einstigen Stargast ein Denkmal zu setzen. Doch die Meraner haben gerade anderes zu tun. Ein neues Stadttheater muss her; die Fortsetzung der Bahnlinie durch den Vinschgau ist zu planen; neue, noch größere Hotels sind zu bauen, um die rasch wachsende Schar von Kurgästen und

Das 1903 in Meran errichtete Elisabeth-Denkmal wird schnell ein beliebtes Fotomotiv.

Touristen unterzubringen. Entschuldigend schreibt die MERANER ZEITUNG fünf Jahre nach dem Mord von Genf: »Das Andenken an Kaiserin Elisabeth lebt freilich im Herzen eines jeden Meraners fort, auch ohne dass ein äußeres Zeichen an die Zeit ihres Aufenthaltes hier gemahnen würde.«[181] Auf einheimische Initiative gehen nur zwei kleine Marmortafeln zurück. Die eine lässt die Gemeindeverwaltung Dorf Tirol im Juli 1899 in Longfall anbringen. Sie erinnert an den Besuch Elisabeths an der Wasserleitung zwei Jahre zuvor. Die zweite Tafel – ein Relief mit den Porträt Elisabeths – hängt ab Frühjahr 1904 am Hotel Kaiserhof.

Davon abgesehen sind es Zuzügler und Stammgäste, die in dem einsetzenden Sissi-Kult als Erste tätig werden. Ein halbes Jahr nach Elisabeths Tod lässt der neue Eigentümer von Schloss Trauttmansdorff dort eine wuchtige Marmortafel zur Erinnerung an die Aufenthalte des Kaiserpaares anbringen. Der wohlhabende Bayer Friedrich von Deuster hat das Schloss erst 1897 aus einer Konkursmasse gekauft und ist, weil Protestant, in Meran noch ein Außenseiter.

1925 wird der Sissi-Statue in Meran die Nase abgeschlagen.

Mit der demonstrativen Huldigung an das österreichische Kaiserhaus versucht er offenbar, für sich in der Stadt gut Wetter zu machen. Wenig später lässt er in einem der von Elisabeth bewohnten Räume ein großes Wappen der Wittelsbacher anbringen, der Familie Elisabeths. Und 1908, zum 60-jährigen Regierungsjubiläum von Franz Joseph, wird vor dem Schloss eine schwere Marmorbank mit dem Namen des Kaiserpaares aufgestellt. Heute bietet sie den besten Blick auf den botanischen Garten.

Auch das eigentliche Elisabeth-Denkmal von Meran geht auf keinen Meraner zurück. Emil von Dalmata, Spross einer Offiziersfamilie aus dem slowakischen Hideghét, kam als Miteigentümer einer Konservenfabrik, die für das österreichische Militär arbeitet, zu einigem Wohlstand. So kann er es sich leisten, die Winter in Meran zu verbringen. 1902 verbindet sich seine Bewunderung für Elisabeth mit dem Wunsch, in seinem Meran Bleibendes zu hinterlassen. Also bestellt er beim Wiener Bildhauer Hermann Klotz ein Sissi-Denkmal aus Laaser Marmor. Etwa um die gleiche Zeit stellt der Grödner Bildhauer Alois Colli ein Modell[182] vor, doch wird dem Entwurf von Klotz der Vorzug gegeben. Schon dessen rund ein Meter hohes Modell löst am Hof »wegen der Ähnlichkeit« höchste Zufriedenheit aus.

Am Ostersonntag 1903 wird das Denkmal feierlich enthüllt. Die Meraner hoffen auf die Teilnahme des Kaisers oder von Marie Valerie. Beide sind angeblich gerührt über diesen »Ausdruck ehrfurchtsvollster Verehrung«, sagen aber wegen Terminschwierigkeiten ab. Dennoch wird die Zeremonie wie die Ankunft der lebenden Kaiserin mit Böllern und Blasmusik untermalt und der Stifter des Denkmals als edler Spender gefeiert.

Da sitzt sie nun versteinert in der Marie-Valerie-Anlage und schaut, den Kopf leicht geneigt und »voll der liebenswürdigsten Herablassung«, in eine sich rasch verändernde Welt. Die Belle Époque bringt Meran noch viele elegante Villen, noble Grandhotels, ein neues Kurhaus und einen Hauch mondänes Flair, ehe die Ausgelassenheit der Jahrhundertwende in einer Eruption des Nationalismus versinkt. Mit dem Ende des Ersten Weltkrieges ist die Monarchie der Habsburger tot, Österreich-Ungarn zerschlagen und das südliche Tirol von Italien annektiert. 1921 erfolgt ein erstes Umschreiben der Geschichte. Elisabeth-Garten, Marie-Valerie-Anlage, Habsburgerstraße, Kaiserbrücke und viele andere an Österreich erinnernde Namen werden durch neutralere Bezeichnungen ersetzt. 1923, ein Jahr nach Benito Mussolinis Marsch auf Rom, müssen selbst Hotels wie der Kaiserhof sich neue Namen geben. 1925 schlagen Unbekannte dem Elisabeth-Denkmal die Nase ab. Als Täter werden italienische Nationalisten vermutet, die sich am alten Österreich für seine Hegemonie rächen wollen. Die Behörden lassen rasch »den lädierten Kopf einbinden, dann das ganze Denkmal verschalen, um beruhigend zu wirken […] Es ist nur traurig, daß jedes Ereignis bei uns nun seinen politisch-nationalen Anstrich bekommt und dadurch komplizierter wird.«,[183] orakelt die MERANER ZEITUNG. Wegen der fehlenden Nase bekommt die Statue gleich einen neuen Kopf.

Die Beruhigung hält nicht lange an. In der Nacht auf den 16. Februar 1927 schlagen Unbekannte der Elisabeth-Statue den erneuerten Kopf ab. Noch verurteilt der Präfekt der Provinz Bozen die »schändliche Tat am

Die kopflose Elisabeth: das Sissi-Denkmal in Meran nach dem Anschlag von 1927

Denkmale der verstorbenen Kaiserin Elisabeth«[184] und ordnet die sofortige Reparatur an. Am 21. März bestellt der Gemeinderat bei einem Bildhauer für 3 200 Lire einen weiteren Kopf.[185] Die Gesichtszüge fallen zwar genauso lieblich aus wie beim Original, die Bruchstelle am Hals lässt sich aber nie mehr kaschieren.

Wenige Jahre später verlieren die inzwischen vom Faschismus durchdrungenen Behörden der neuen Staatsmacht das letzte Verständnis für den Kult um eine fremde Kaiserin. 1935 wird die Direktion des Kaiserhofes, der inzwischen längst Hotel Excelsior heißt, angewiesen, die Elisabeth-Gedenktafel an der Außenmauer zu entfernen. Zur gleichen Zeit muss auch das Elisabeth-Denkmal weichen. Von seiner zentralen Lage mitten im Park wird es an eine versteckte Stelle am Rand des Parks versetzt – Elisabeth, eine Randfigur der Geschichte.

Erst Jahrzehnte nach dem Sturz des Faschismus und nachdem Sissi dank der Filmrolle von Romy Schneider längst wieder ein Star ist, besinnen sich die Meraner jener Rolle, die die wahre Sissi für die Entwicklung der Stadt spielte. 1978 holen sie ihre Elisabeth aus dem Exil zurück und platzieren das Denkmal wieder an der ursprünglichen Stelle. In der neu erwachten Bewunderung für die fesche Kaiserin und die angeblich gute alte Zeit, die sie repräsentiert, wird die Statue nun zu einem der beliebtesten Fotomotive in der Stadt. Ab und zu legt ihr jemand frische Blumen in den Schoß. Anfang der Neunzigerjahre kursiert gar die Idee, das damals leerstehende Schloss Trauttmansdorff in ein Elisabeth-Museum zu verwandeln. Dann wird aus dem Schloss aber doch das heutige Touriseum.

Den Herbst 1998, 100 Jahre nach dem Mord von Genf, inszenieren die Meraner als Event mit einer Ausstellung, einer Lesung von Elisabeths Gedichten und einer Umbenennung des zuletzt namenlosen Parks rund um ihr Denkmal in Kaiserin-Elisabeth-Anlage. Bei dieser Gelegenheit erinnert sich jemand der enthaupteten Elisabeth und der beiden zertrümmerten Köpfe, die in einer Rumpelkammer des Kurhauses vor sich hindämmern. »Der bessere Sissikopf«[186] wird entstaubt und ausgestellt, im Hochsommer 2001 darf er sogar zu einer Fotoschau an den Karersee reisen, wo man im ehemaligen Grandhotel, ohne rechten Anlass, einen »Hofball« inszeniert.

Dann verschwinden die Trümmer fürs Erste wieder in einer Abstellkammer des Kurhauses. Ein zerstörter Kopf mit vielen Brüchen passt auch schlecht zum Bild, das die ständig wachsende Schar der Fans sich von der strahlend schönen Sissi macht. *SG*

Die beschädigten Köpfe des Sissi-Denkmales in Meran

Quellenverzeichnis

Archive

Haus-, Hof- und Staatsarchiv Wien (HHStA)
Österreichische Nationalbibliothek Wien (ÖNB)
Wiener Stadt- und Landesbibliothek
Stadtarchiv Meran

Zeitungen und Zeitschriften

Bote für Tirol und Vorarlberg (BTV)
Meraner Zeitung (MZ)
Bozner Zeitung (BZ)
Dolomiten (D)
Deutscher Hausschatz in Wort und Bild

Bücher

Abram, Renate: *Das Kurhaus Meran. Ein Blick in die Geschichte der Kurstadt,* Lana 1999.

Bourgoing, Jean de (Hrsg.): *Briefe Kaiser Franz Josephs an Frau Katharina Schratt,* Wien/München 1964.

Christomanos, Constantin: *Tagebuchblätter,* 1. Folge. Mai 1891 bis April 1892, Wien 1899 (zuletzt erschienen als Christomanos, Constantin: *Tagebuchblätter. Erinnerungen des Hauslehrers von Kaiserin Elisabeth,* Bibliothek der Erinnerung, Bd. IV, Wien 2007).

Hamann, Brigitte: *Elisabeth. Kaiserin wider Willen,* München 1989.

Hamann, Brigitte (Hrsg.): *Meine liebe, gute Freundin!* Briefe Kaiser Franz Josephs an Katharina Schratt aus dem Besitz der Österreichischen Nationalbibliothek, Wien 1992.

Nostitz-Rieneck, Georg (Hrsg.): *Briefe Kaiser Franz Josephs an Kaiserin Elisabeth. 1859–1898,* 2 Bde., Wien/München 1966.

Rohrer, Josef: *Zimmer frei. Das Buch zum Touriseum,* Meran 2003.

Schad, Martha/Schad, Horst (Hrsg.): *Marie Valerie von Österreich. Das Tagebuch der Lieblingstochter von Kaiserin Elisabeth,* 1878–1899, München 1998.

Schnürer, Franz (Hrsg.): *Briefe Kaiser Franz Josephs I. an seine Mutter 1838–1872,* München 1930.

Sexau, Richard: *Fürst und Arzt Dr. med. Carl Theodor in Bayern. Schicksal zwischen Wittelsbach und Habsburg,* Graz/Wien/Köln 1963.

Spitzweg, Carl/Spitzweg, Wilhelm: *Der unbekannte Spitzweg. Ein Bild aus der Welt des Biedermeier,* München 1958.

Sztáray, Gräfin Irma: *Aus den letzten Jahren der Kaiserin Elisabeth.* Mit einem Vorwort von Brigitte Hamann, Wien 2004 (zuerst erschienen Wien 1909, Leipzig 1909).

Weissensteiner, Friedrich (Hrsg.): *Lieber Rudolf. Briefe von Kaiser Franz Joseph und Elisabeth an ihren Sohn,* Wien 1991.

ANMERKUNGEN

1 Die Schreibweise des Kurznamens ist bis heute nicht einheitlich. Das Touriseum hat sich beizeiten für die Version mit dem Doppel-S entschieden, sodass auch dieses Buch ihr folgt.
2 Brief Elisabeths an Gisela u. Rudolf, Wien, 19.12.1871; zit. n. Weissensteiner: Lieber Rudolf, S. 165.
3 Brief Elisabeths an Franz Joseph, Ischl 16.7.1870; HHStA, Nachlass Conte Corti, Karton 13 (in Folge abgekürzt als N. Corti, Kt.). Im Nachlass befinden sich keine originalen Briefe, sondern Abschriften von Egon Caesar Conte Corti.
4 Aus einem von Elisabeth am 8.5.1854 verfassten Gedicht; Egon Caesar Conte Corti, Elisabeth. Die seltsame Frau, Wien 1934, S. 54 f.; zit. n. Hamann: Elisabeth, S. 82.
5 Hamann: Elisabeth, S. 247.
6 Brief Franz Josephs an seine Mutter, 7. 8. 1866; zit. n. Nostitz-Rieneck: Briefe, Bd. I, S. 57.
7 Brief Elisabeths an Franz Joseph, Neuberg, 6.9.1870; HHStA, N. Corti, Kt. 14.
8 Brief Rudolfs an Sophie, notiert im Tagebuch Sophie, 5.10.1870; HHStA, Nachlass der Erzherzogin Sophie, Tagebuch (in Folge abgekürzt als N. Sophie); zit. n. Hamann: Elisabeth, S. 297.
9 Tagebuch Sophie, 25.9.1870; HHStA, N. Sophie; zit. n. Hamann: Elisabeth, S. 297.
10 Brief Elisabeths an ihre Mutter Ludovika, Schönbrunn, 4.9.1870, ebenso das vorhergegangene Zitat; HHStA, N. Corti, Kt. 13.
11 Hamann: Elisabeth, S. 524.
12 Zit. n. BZ 28.9.1870.
13 Zit. n. Hamann: Elisabeth, S. 183.
14 Ischl, 27.8.1865; Bayerische Staatsbibliothek München, Handschriftensammlung, Nachlass Richard Sexau (in Folge abgekürzt als BStB, Hs., N. Sexau), Materialien zur Biographie des Herzogs Carl Theodor in Bayern; zit. n. Hamann: Elisabeth, S. 183.
15 Brief Franz Josephs an Sophie, Schönbrunn, 23.10.1870; zit. n. Schnürer: Briefe Kaiser Franz Josephs, S. 380.
16 Zit. n. Spitzweg. Der unbekannte Spitzweg, S. 37.
17 BTV 20.9.1870.
18 Brief Giselas an Rudolf, Meran, 27.10.1870; HHStA, HA Selekt Kronprinz Rudolf (in Folge abgekürzt als Rudolf), Kt. 18.
19 BTV 20.9.1870.
20 Deutscher Hausschatz, VIII. Jahrgang, Oktober 1881.
21 BTV 5.10.1870.
22 Schreiben des Intimats an das Hofzahlamt, Wien, 7.10.1870; HHStA, Obersthofmeisteramt (in Folge abgekürzt als OMeA), Kt. 879.
23 Allgemeines Kassabuch 1868–1872; HHStA, Obersthofmeisteramt Kaiserin Elisabeth (in Folge abgekürzt als OMeA Ks E), Bd. 97.
24 BTV 5.11.1870.
25 Allgemeines Kassabuch 1868–1872; HHStA, OMeA Ks E, Bd. 97.
26 MZ 12.11.1870.
27 BTV 7.10.1870.
28 BTV 18.10.1870.
29 Brief Giselas an Rudolf, Meran, 17.10.1870; HHStA, Rudolf, Kt. 18.
30 Zit. n. BTV 20.10.1870.
31 Brief Franz Josephs an Sophie, Schönbrunn, 23.10.1870; zit. n. Schnürer: Briefe Kaiser Franz Josephs, S. 380.
32 BZ 17.10.1870.
33 BZ 17.10.1870.
34 BTV 18.10.1870.
35 Brief Giselas an Rudolf, Meran, 9.2.1871; HHStA, Rudolf, Kt. 18.
36 Telegramm von Graf Grünne an Franz Nopcsa, Wien, 23.12.1870; HHStA, OMeA Ks E, Kt. 24.
37 Brief Giselas an Rudolf, Meran, 17.10.1870; HHStA, Rudolf, Kt.18.
38 BTV 24.10.1870.
39 Brief Elisabeths an Franz Joseph, Meran, 19.10.1870; HHStA, N. Corti, Kt. 13.

40 BTV 31.5.1871.
41 MZ 22.10.1870.
42 Tagebuch Marie Festetics, 2.2.1872; Széchény-Bibliothek Budapest Handschriftensammlung, Tagebuch der Gräfin Marie Festetics; zit. n. Hamann: Elisabeth, S. 298.
43 Brief Giselas an Rudolf, Meran, 17.10.1870; HHStA, Rudolf, Kt. 18.
44 Brief Giselas an Rudolf, Meran, 9.2.1871; HHStA, Rudolf, Kt. 18.
45 Brief Elisabeths an Franz Joseph, Meran, 8.11.1871; HHStA, N. Corti, Kt. 13.
46 Brief Giselas an Rudolf, Meran, 17. 10. 1870; HHStA, Rudolf, Kt. 18.
47 MZ 7. 12. 1870.
48 Brief Giselas an Rudolf, Meran, 6.11.1870; HHStA, Rudolf, Kt. 18.
49 MZ 5.11.1870.
50 Exhibiten-Protocoll 1871; HHStA, OMeA Ks E, Bd. 11.
51 Brief Elisabeths an Rudolf, Meran, 25. 11. 1870; zit. n. Weissensteiner: Lieber Rudolf, S. 163.
52 BTV 1.6.1871.
53 Brief Sophies an Rudolf , Ischl, 13.10.1870; HHStA, Rudolf, Kt. 18.
54 Sonderbeilage MZ, 19. 11. 1870.
55 BTV 23.11.1870.
56 BTV 23.11.1870.
57 MZ 24.12.1870.
58 BTV 23.12.1870.
59 BTV 10.1.1871.
60 Brief Giselas an Rudolf, Meran, 28.11.1870; HHStA, Rudolf, Kt. 18.
61 Brief Franz Josephs an Rudolf, Ofen, 13.1.1871; zit. n. Weissensteiner: Lieber Rudolf, S. 59.
62 BTV 15.2.1871.
63 Brief Giselas an Rudolf, Meran, 17. 2. 1871; HHStA, Rudolf, Kt. 18.
64 BTV 4.4.1871.
65 MZ 1.4.1871.
66 MZ 8.4.1871.
67 BTV 13.4.1871.
68 BTV 5.5.1871.
69 D 17.5.1978.
70 Schreiben des Generaladjutanten Eduard Paar vom 13.3.1910, zit. n. D 17.5.1978.
71 MZ 31.5.1871.
72 Brief Elisabeths an Franz Joseph, Meran, 9.5.1871; HHStA, N. Corti, Kt. 13.
73 BTV 15.11.1870.
74 BTV 11.1.1871.
75 Kurzbericht in der »Wiener Presse«, zit. n. MZ 12.11.1870.
76 BTV 12.11.1870.
77 Brief Elisabeths an Rudolf, Meran, 25.11.1870; zit. n. Weissensteiner: Lieber Rudolf, S. 163.
78 BTV 29.10.1870.
79 MZ 16.11.1870.
80 Brief Elisabeths an ihre Mutter Ludovika, Meran, 18.11.1870; HHStA, N. Corti, Kt. 13.
81 BTV 12.11.1870.
82 Brief Franz Josephs an Rudolf, Ofen, 28.1.1871; zit. n. Weissensteiner: Lieber Rudolf, S. 63.
83 BTV 3.4.1871.
84 BTV 12.5.1871.
85 BTV 9.6.1871.
86 Brief Elisabeths an Franz Joseph, Meran, 16.10.1871; HHStA, N. Corti, Kt.13.
87 BTV 20.10.1871.
88 Brief Elisabeths an Franz Joseph, Meran, 6.11.1871; HHStA, N. Corti, Kt. 13.
89 MZ 18.10.1871.
90 Brief Elisabeths an Franz Joseph, Meran, 28. 10. 1871; HHStA, N. Corti, Kt. 13.
91 BTV 13.4.1872.
92 Brief Franz Josephs an Rudolf, Wien, 23.12.1871; zit. n. Weissensteiner: Lieber Rudolf, S. 68.
93 Brief Elisabeths an Franz Joseph, Meran, 24.4.1872; HHStA, N. Corti, Kt. 13.
94 Hamann: Elisabeth, S. 303.
95 Hamann: Elisabeth, S. 303.
96 BZ 15.10.1873.
97 BTV 15.10.1872.
98 BTV 12.9.1871.
99 BTV 29.5.1872.
100 BTV 14.5.1872.
101 BTV 23.5.1871.
102 BZ 21.5.1873.
103 Zit. n. Abram: Das Kurhaus Meran, S. 39.
104 Rohrer: Zimmer frei, S. 86.
105 Nachdruck aus der »Breslauer Zeitung« in MZ 11.2.1886.
106 Brief Franz Josephs an Katharina Schratt, Trauttmansdorff, 20.10.1889; zit. n. Hamann: Meine liebe, gute

Freundin!, S. 185.
107 Sexau, Fürst und Arzt, S. 336. Sexau ist der Schwiergersohn von Richard von Krafft-Ebing, der Sophie in Graz behandelt hat.
108 Elisabeths Winterlieder, zit. n. Hamann: Elisabeth, S. 406.
109 Tagebuch Marie Valerie, 18.2.1889; HHStA, N. Corti; zit. n. Hamann: Elisabeth, S. 563.
110 Tagebuch Marie Valerie, 21.8.1889; BStB, Hs., N. Sexau, Tagebuch der Erzherzogin Marie Valerie (teilweise Abschrift) (in Folge zitiert als Tgb.); zit. n. Hamann: Elisabeth, S. 562.
111 Tagebuch Marie Valerie, 21.8.1889; zit. n. Schad: Marie Valerie, S. 204.
112 Hamann: Elisabeth, S. 324.
113 Coronini an Franz Crenneville, einen erklärten Gegner Elisabeths, 22.1.1879; HHStA, Nachlass des Grafen Franz Folliot de Crenneville; zit. n. Hamann: Elisabeth, S. 354.
114 Zit. n. Hamann: Elisabeth, S. 360.
115 Tagebuch Alexander Hübner, 1.1.1882; Historisches Institut des Universität Padua, Tagebuch des Grafen Alexander Hübner; zit. n. Hamann: Elisabeth, S. 370.
116 Tagebuch Marie Valerie , 20.9.1882; BStB, Hs., N. Sexau, Tgb.; zit. n. Hamann: Elisabeth, S. 369.
117 Hamann: Vorwort, in: Sztáray: Aus den letzten Jahren (2004), S. 7–11, hier S. 7.
118 Ankündigung der Versteigerung in MZ 10.5.1887.
119 MZ 3.9.1889.
120 BZ 7.9.1889.
121 Brief Franz Josephs an Katharina Schratt, Kisbér, 17.9.1889; ÖNB, Handschriften-, Autographen- und Nachlasssammlung (in Folge abgekürzt als HAN), Autogr. 668/4–2.
122 Brief Charlottes von Majláth an Ida Ferenczy, Madonna di Campiglio, 9.9.1889; HHStA, N. Corti, Kt. 15.
123 Brief Franz Josephs an Katharina Schratt, Leitomischl, 14. 9. 1889; ÖNB, HAN, Autogr. 961/2–7.
124 Exhibiten-Protocoll 1889; HHStA, OMeA Ks E, Bd. 67.
125 Erlass der Bezirkshauptmannschaft Meran in MZ 6.9.1889.
126 BZ 6.9.1889.
127 MZ 17.9.1889.
128 Brief Franz Josephs an Katharina Schratt, Gödöllö, 23.9.1889; ÖNB, HAN, Autogr. 668/4–4.
129 MZ 6. 10. 1889.
130 Gespräch von Heinrich Friedjung mit Marie Festetics, Jänner 1911; Wiener Stadt- und Landesbibliothek, Handschriftensammlung, Nachlass Heinrich Friedjung, Kt. 2.
131 Brief Charlottes von Majláth an Ida Ferenczy, Trauttmansdorff, 20.9.1889; HHStA, N. Corti, Kt. 15.
132 Tagebuch Marie Valerie, 16.10.1889; zit. n. Schad: Marie Valerie, S. 206.
133 Tagebuch Marie Valerie , 25.10.1889; zit. n. Schad: Marie Valerie, S. 207.
134 Brief Franz Josephs an Katharina Schratt, Trauttmansdorff, 20.10.1889; zit. n. Hamann: Meine liebe, gute Freundin!, S. 187.
135 MZ 20.10.1889.
136 Brief Franz Josephs an Katharina Schratt, Trauttmansdorff, 26.10.1889; ÖNB, HAN, Autogr. 961/3 4.
137 Brief Franz Josephs an Katharina Schratt, Trauttmansdorff, 23.10.1889; ÖNB, HAN, Autogr. 961/3–3.
138 Brief Franz Josephs an Katharina Schratt, Trauttmansdorff, 23.10.1889; ÖNB, HAN, Autogr. 961/3–3.
139 Brief Franz Nopcsas an seine Frau Mathilde, Meran, 25.10.1889 (Original französisch); ÖNB, HAN, Autogr. 731/63–12.
140 Tagebuch Marie Valerie, 30.10.1889; zit. n. Schad, Marie Valerie, S. 207
141 Tagebuch Marie Valerie, 26.12.1889; BStB, Hs., N. Sexau, Tgb.; zit. n. Hamann: Elisabeth, S. 517.
142 Sexau, Fürst und Arzt, S. 302.
143 Christomanos, Tagebuchblätter (1899), S. 133.
144 Brief Marie Festetics' an Ida Ferenczy, Messina, 4.12.1892; HHStA, N. Corti; zit. n. Hamann: Elisabeth, S. 584.
145 Brief Franz Nopcsas an Ida Ferenczy, Luzern, 7.9.1892; HHStA, N. Corti, Kt. 15.
146 Brief Marie Festetics' an Ida Ferenczy, Messina, 13.9.1892; HHStA, N. Corti; zit. n. Hamann: Elisabeth, S. 584.
147 Hamann: Elisabeth, S. 592.

148 Schreiben Franz Nopcsas an Prinz Konstantin zu Hohenlohe-Schillingsfürst (Erster Obersthofmeister des Kaisers), Meran, 11.10.1889; HHStA, Neuere Zeremonialakten, Kt. 393.
149 Elisabeth zu ihrer Nichte Marie Wallersee, ebenso das folgende Zitat; Maria Freiin von Wallersee, Meine Vergangenheit, Berlin 1913, S. 46; zit. n. Hamann: Elisabeth, S. 571.
150 Christomanos: Tagebuchblätter (1899), S. 104.
151 Brief Franz Nopcsas an Ida Ferenczy, Wien, 28.6.1894; HHStA, N. Corti, Kt.15.
152 Brief Marie Festetics' an Franz Nopcsa, Madonna di Campiglio, 2.7.1894; HHStA, N. Corti, Kt. 15.
153 Brief Franz Josephs an Elisabeth, Ischl, 15.7.1894; HHStA, N. Corti, Kt. 15.
154 Walter Schmidt-Wellenburg, Aus dem Porzellanschrank des Alpenvereins, Historisches Archiv, ÖAV.
155 In Tirol, wo er auch eine führende Rolle im Alpenverein spielt und mehrere Bücher schreibt, ist die Schreibweise Christomannos üblich.
156 Brief Franz Josephs an Elisabeth, Wien, 16.12.1894; HHStA, N. Corti, Kt. 15.
157 Zit. n. Hamann: Elisabeth, S. 559.
158 Brief der Kammerdienerin Marie Henike an Ida Ferenczy, Kissingen, 29.5.1897; HHStA, N. Corti, Kt. 15.
159 Tagebuch Marie Valerie, 9. 8. 1889; zit. n. Schad: Marie Valerie, S. 295.
160 Brief Philipps Graf zu Eulenburg-Hertefeld (deutscher Botschafter in Wien), Wien, 17.8.1897; HHStA, N. Corti, Kt. 15.
161 BZ 10.8.1897.
162 Sztáray: Aus den letzten Jahren (2004), S. 160.
163 BZ 16.8.1897.
164 Brief Franz Josephs an Elisabeth, Ischl, 26.8.1897; zit. n. Nostitz-Rieneck: Briefe Kaiser Franz Josephs, Bd. 2, S. 301.
165 BZ 15.9.1897.
166 Brief Irma Sztárays an Ida Ferenczy, Karersee, 30.8.1897; HHStA, N. Corti, Kt. 15.
167 Sztáray: Aus den letzten Jahren (2004), S. 161.
168 Brief Elisabeths an Marie Valerie, Karersee, 6.9.1897; HHStA, N. Corti, Kt. 15.
169 Brief Franz Josephs an Elisabeth, Schönbrunn, 6.9.1897; zit. n. Nostitz-Rieneck: Briefe Kaiser Franz Josephs, Bd. 2, S. 307.
170 Brief Franz Josephs an Elisabeth, Schönbrunn, 8.9.1897; zit. n. Nostitz-Rieneck: Briefe Kaiser Franz Josephs, Bd. 2, S. 308.
171 Sztáray: Aus den letzten Jahren (2004), S. 161.
172 Brief Franz Josephs an Elisabeth, Ofen, 20.9.1897; zit. n. Nostitz-Rieneck: Briefe Kaiser Franz Josephs, Bd. 2, S. 311.
173 Sztáray, Aus den letzten Jahren (2004) S. 165.
174 Ein Sohn der Sonnenhof-Wirtin hat bei seinem Umzug nach Algund den versteinerten Kuchen mitgenommen und ihn später seiner Nichte geschenkt, die die Reliquie heute in ihrer Pension »Kapellgut« aufbewahrt.
175 Sztáray: Aus den letzten Jahren (2004), S. 162 f.
176 MZ 29.9.1897.
177 Sztáray: Aus den letzten Jahren (2004), S. 167.
178 Brief Elisabeths an Marie Valerie, San Remo, 17.1.1898; HHStA, N. Corti, Kt. 15.
179 Tagebuch Marie Valerie, 8.5.1898; BStB, Hs., N. Sexau, Tgb.; zit. n. Hamann: Elisabeth, S. 595.
180 MZ 14.9.1898.
181 Extrabeilage MZ 12.4.1903 anlässlich der Einweihung des Elisabeth-Denkmals.
182 Colli vermachte das 207 cm hohe, 147 cm breite und 26 cm tiefe Original 1917 dem Meraner Stadtmuseum, wo es heute im Depot steht.
183 MZ 8.6.1925.
184 Telegramm des Präfekten Umberto Ricci an die Gemeinde Meran; zit. n. MZ 15.2.1927.
185 Sammlung der Gemeinderatsbeschlüsse, Jahrgang 1927, Stadtarchiv Meran.
186 Inventarliste des Kurhausvereins, ohne Datum (wahrscheinlich 1998).

KAISERIN
ELISABETH HAVS
AVF DEM BECHER 3203 m
VOM ROTEN GRAT AVS.
Herzliche Grüsse aus den höchsten
Regionen – bei Prachtwetter – er-
lauben sich zu senden Ihre
ergebenen S. Schneider.